Über dieses Buch Bisher hat man in der Öffentlichkeit nur die Rolle der Familie in der Entstehung von Suchterkrankung und Drogenabhängigkeit Jugendlicher aufgezeigt und hat sie vielfach als »krankmachendes Milieu« zum Sündenbock gestempelt.
Doch der junge Mensch *hat* nicht Familie, sondern *ist* ein Teil einer Familie, die als System weit mehr ist als die Summe ihrer Einzelteile.
Nun endlich beginnt man, die positiven Möglichkeiten dieses biologischen Systems Familie wiederzuentdecken und – nach Erfahrungen mit allerlei Ersatzsystemen – auch ihre Möglichkeiten zur Selbstheilung und Hilfeleistung neu zu erkennen. Die Rolle der betroffenen Familie in der Vorbeugung, der frühen Erkennung und in der Überwindung von Abhängigkeiten wird in der Zukunft – soll den zunehmenden Jugendproblemen wirksam begegnet werden – viel mehr Beachtung und Unterstützung zugestanden werden.
Die Erfahrungen aktiv gewordener, betroffener Familien, ihre Erkenntnisse und die von ihnen erprobten Wege zur Hilfe durch Selbsthilfe sind dabei wichtige Anregungen.
Dieses Buch entstand aus dem Erleben und Leiden betroffener Eltern und Geschwister.

Die Autorin Else Meyer, deren ältester Sohn 1968 eine Drogenkarriere begann, begründete mit ihrem Mann 1969 den ersten »Elternkreis drogengefährdeter und drogenabhängiger Jugendlicher« in Bonn. Inzwischen gibt es in der Bundesrepublik etwa 60 solcher Selbsthilfekreise. Seit 1975 kam zu den dreiwöchigen Elternkreistreffen eine wöchentliche Sprechstunde »Eltern helfen Eltern«, aus deren Erfahrung dieses Buch vor allem entstand. Ein integriertes Präventionsprogramm, das Büchlein »Durchblick«, die Broschüren »Haschisch – die unbekannte Droge?« »Brief an junge Leute«, »Gesprächsführung mit Drogengefährdeten«, Faltblätter, Artikel und viele Vorträge zeigen Fachkompetenz und umfassende Sachkenntnis der Autorin, die damit der Vorbeugungsarbeit neue Impulse gegeben hat.

Else Meyer

Eltern im Drogenproblem

Erfahrungen aus
der Hilfe durch Selbsthilfe

Fischer
Taschenbuch
Verlag

Originalausgabe
Fischer Taschenbuch Verlag
Juni 1983
Umschlaggestaltung: Jan Buchholz / Reni Hinsch
Fischer Taschenbuch Verlag GmbH, Frankfurt am Main

Gesamtherstellung: Hanseatische Druckanstalt GmbH, Hamburg
Printed in Germany
780-ISBN-3-596-23329-1

Inhaltsverzeichnis

Vorwort an die Fachleute in der Drogenarbeit 7

I. Aus ganz normalen Familien kommen ganz normale Suchtkranke 11

II. Familie als Risiko oder Chance? 20

III. Schicksalsgemeinschaft Elternkreis 25

IV. Gelassenheit 32

V. Die zehn Gebote für betroffene Eltern 42
Zum ersten Gebot 44
Zum zweiten Gebot 46
Zum dritten Gebot 53
Zum vierten Gebot 62
Zum fünften Gebot 65
Zum sechsten Gebot 74
Zum siebten Gebot 77
Zum achten Gebot 82

VI. Vorbeugen 94

VII. Spielen ist Lernen 103

VIII. Betroffene und Zuständige 108

IX. Nachsorge 128

X. Zusammenhänge und Erkenntnisse 143

XI. Anhang
Was Eltern von der Drogensprache wissen sollten 148

Literaturverzeichnis 151
Quellenverzeichnis 152
Wichtige Adressen 152

Vorwort an die Fachleute in der Drogenarbeit

Erkenntnisse über die Vielfältigkeit von äußeren und inneren Bedingungen, die menschliches Verhalten bestimmen, verdrängen langsam das enge »Ursache-Wirkung-Denken« der vergangenen Jahre. Zunehmende Überwindung von Fachgrenzen und Hinwendung zur ganzheitlichen Sicht lassen auch in allen Bereichen der Drogenarbeit und -hilfe neue Tendenzen zu fachübergreifenden Konzeptionen zu. Warum hat die neue Sicht der Zusammenhänge von Körper, Geist und Seele ausgerechnet im sozialen Bereich noch nicht genügend Beachtung gefunden? Die gerade beim jungen Menschen so wichtigen Wechselbeziehungen zu seiner nahen Umwelt, seine durch das soziale Lernen naturgegebenen Bindungen an die Familie (ob diese nun gut oder schlecht ist) werden immer noch viel zu oft unterschätzt, ideologisch verfälscht oder einfach übergangen. Mit dem »sauberen Schnitt« vom »krankmachenden Milieu« hat man jedoch nur zu häufig alles andere als die gewünschte »Loslösung« erreicht! Familie ist ein gewachsenes System, eingebunden in die nächstgrößeren Systeme menschlicher Gesellschaft. Als Träger der Wechselbeziehungen zwischen einzelnen und Gemeinschaft wird sie deswegen von den Erkrankungen beider miterfaßt. Zwar wird man heute der Familie eines Drogen- oder Suchtkranken kaum noch direkt die Schuld geben wie in den ersten zehn Jahren der Drogenwelle, aber das Klischee vom »broken home« als einer der »Hauptursachen« überlebt nach wie vor alle gegenteiligen Forschungsergebnisse.

Hat sich also wirklich etwas verändert? Wer den Kranken als losgelösten einzelnen sieht, nur ihm mit Verständnis für seine Fehlleistung entgegenkommt, aber seiner Familie keine entsprechende Fehlentwicklung und Miterkrankung zugesteht, verfällt eigentlich doch wieder in das alte Ursache-Wirkungsschema. Familie und Eltern werden dann im Zustand akuter Miterkrankung nach Normalmaß (oft genug nach Idealmaß) gemessen, logischerweise zu leicht befunden und durch andere (wie man ehrlich glaubt) bessere, therapeutische Systeme ersetzt. Liest man die deutsche Fachliteratur, die Veröffentlichungen der zuständigen Organisationen und Verwaltungen von Vorbeugung bis Nachsorge, so fällt vor allem eins auf: Von Familie ist im Sinne von Miterkrankung und Mitbehandlung, von ihrer Einbeziehung in Heilungsprozesse oder gar von ihrer Schulung zur Stärkung der Selbsthilfefähigkeit nur sehr selten die Rede. Ersatzsysteme wurden zum Normalfall. Die Familie als Sozialisationsmilieu, ja sogar ihre grundsätzliche Fähigkeit zur Sozialisationsleistung wird einfach ausgeklammert. Vergißt man die schmerzlichen Lernprozesse aus der Heimerziehung? Dort hat man inzwischen erkannt, daß fachlich qualifizierte Profis nicht ersetzen können, was die einfachste eigene Familie zu leisten vermag.

Der Familie soll hiermit kein Alleinvertretungsanspruch verschafft werden, aber ihren natürlichen Platz in der Reifung und in der Nachreifung des jungen Menschen – als die im Normalfall sinnvollste, weil ihn liebende, zu ihm gehörende, mit ihm in lebenslanger Bindung stehende Gruppe –, diesen Platz sollte man ihr wieder zugestehen. Man sollte ihr lieber helfen, ihn auszufüllen, statt sie fraglos zu verdrängen. Suchtkrankenarbeit kann und darf nicht nur am Erkrankten selbst, *sie muß ebenso an seiner Ganzheit aus Geist-Seele und Leib, wie an der Ganzheit seiner personalen Einbindung geleistet werden!*

Das kann nicht länger durch Abschieben der Kompetenz auf Fachleute, beruflich oder von Amts wegen Qualifizierte geschehen. Wir stellen damit nicht das in Frage, was bisher getan wurde, sondern weisen auf das hin, was bisher noch nicht getan wurde. Es fallen z. Z. nur etwa 15–20 % der Suchtkranken in das bestehende soziale Netz. Ist es da nicht höchste Zeit, dieses Netz dichter zu knüpfen und neue Auffangmöglichkeiten zu erschließen, fach- und berufsgruppenübergreifende, kooperative, natürliche Bindungen einbeziehende Modelle zu entwikkeln?

Weder der Suchtkranke noch seine Familie dürfen länger Objekte von Zu- und Abwendung sein. Sie bedürfen der Hilfe zur Selbsthilfe unter Beachtung und vor allem Anerkennung der natürlichen Wechselbezüge. Sie brauchen die fachlichen *und* menschlichen Bemühungen anderer, um ihre eigenen Fähigkeiten zu entwickeln. Das Spannungsfeld zwischen beruflich und fachlich Kompetenten, die sich dieses Arbeitsfeld ausgesucht haben, und den durch Betroffenheit in die Auseinandersetzung mit dem Problem hineingezwungenen, beruflich und fachlich ganz anders ausgerichteten sogenannten Laien, ist sehr groß. Das berechtigt aber nicht dazu, den Betroffenen die grundsätzliche Kompetenz, die Fähigkeit zur Veränderung und zur Mitarbeit abzusprechen. Nur im Miteinander, unter partnerschaftlicher Anerkennung der Verschiedenheit und damit unter Nutzung der Vielfältigkeit beruflicher und menschlicher Qualifikationen und Bindungen, erschließen wir ein Mehr an Möglichkeiten.

Elternkreise, seit nun zwölf Jahren mehr parallel zur »Fachwelt« als gemeinsam mit ihr arbeitend, könnten die Wegbereiter für das notwendige Miteinander sein. Sie haben bewiesen, daß betroffene Eltern fähig sind, sich selbst zu verändern, zu lernen, bei aller Liebe doch vernünftig zu handeln, zu kooperieren und ihren Teil – nicht mehr und auch nicht weniger – in der Hilfe zu leisten.

Geben Sie der Familie als Helfer endlich eine Chance!

I. Aus ganz normalen Familien kommen ganz normale Suchtkranke

»Bitte glauben Sie mir, wir waren doch eine so glückliche, eine ganz normale Familie.« Weinend sitzt die Mutter im Elternkreis, und beschwörend versucht sie zu erklären, warum sie so fest überzeugt war, das könne in ihrer Familie nicht passieren. Verzweifelt verteidigt sie sich gegen eine öffentliche Meinung, die sie und ihren Mann als Versager, ihre Familie als nur »äußerlich intakt«, den inneren Bruch vertuschend, einordnet, sobald ruchbar wird, daß eines ihrer Kinder Drogen nimmt. Sie haben lange versucht, sich nichts anmerken zu lassen, ihren Verdacht und schließlich ihre Gewißheit zu unterdrücken. Schamhaft hatten sie nach leicht zugänglicher Information gesucht und waren nur immer tiefer in Verunsicherung und Schuldgefühle geraten, angesichts der dort oft sehr leichtfertig aufgeführten »Ursachen«. Gereiztheit, Hilflosigkeit und ihre panische Angst im Gespräch über Drogen hatten die Spannungen in der Familie gesteigert, dem Drogenkonsumenten das Gesetz des Handelns mehr und mehr zugespielt, die Geschwister in Pro- und Kontrastellung gezwungen. Immer wieder, wie ein Aufschrei: »Unser intelligenter, sensibler, überall beliebter Junge – warum?«

Freunden, ja sogar den nächsten Verwandten ging man lieber aus dem Weg, um nur nichts gefragt zu werden – aber auch, um nicht sehen zu müssen, wie heil die Welt der anderen war. In der eigenen Familie kam es immer häufiger zu Szenen, zu Auseinandersetzungen, in denen man einander verletzte; zu Entladungen, die die Eltern schließlich so tief erschreckten, daß sie ihre Scheu, ihren brüchig gewordenen Stolz, »schon allein damit fertig zu werden«, doch noch überwanden und nach Hilfe suchten.

Eine große Zahl von Briefen betroffener, verzweifelter, überraschter Eltern von Drogenkonsumenten gibt uns immer wieder von neuem den Beweis: Das kann allen passieren! Da sind kinderreiche und Einkind-Familien; konservative, progressive, permissive, autoritäre Erziehungsstile; alle sozialen Schichten, alle Berufsgruppen. Die ganze Palette unserer Gesellschaft ist vertreten. Und immer ist das, was sie berichten –

bei der Vielzahl erst deutlich werdend –, eigentlich die gleiche Geschichte:

»*Wir haben einen Sohn von 20 Jahren, der mindestens schon seit drei Jahren Drogen nimmt. Ich glaube, es gibt kaum eine Droge, die er nicht schon konsumiert hat, außer vielleicht Heroin. Ich bin mir da aber auch nicht mehr sicher. Marihuana, Haschisch, Speed, LSD usw., alles haben wir schon bei ihm gefunden.*

Wir sind wirklich verzweifelt und hilflos. Wir hätten nie geglaubt, daß es so etwas gibt. Mein Mann und ich führten eine sehr glückliche Ehe und unser Familienleben war immer sehr harmonisch.

Unser Sohn ist ein Einzelkind – leider –, ich glaube aber nicht, daß er je darunter gelitten hat. Er war ein lebensfrohes, immer zu Streichen aufgelegtes Kind. Wir nahmen uns viel Zeit für ihn. Die Schule erledigte er anfangs mit der linken Hand, solange es ohne stures Pauken (Vokabeln usw.) abging. Stundenlanges Lernen kam für ihn nicht in Frage, dagegen war er in Deutsch und Mathematik sowie in den musischen Fächern sehr begabt. Wir waren nicht unbedingt dafür, daß er das Abitur ablegt. Es war sein eigener Wunsch. Er hatte vor, eine Kunstakademie zu besuchen und in den Schuldienst einzutreten. Wie es im Moment aussieht, ist an so etwas überhaupt nicht zu denken. Er entfernt sich immer mehr von uns und der Realität, er lebt in einer Traumwelt, versteckt sich immer mehr vor den Problemen.

Im Februar 1978, drei Monate vor dem Abitur, verließ er die Schule, nachdem er monatelang nur noch sporadisch am Unterricht teilgenommen hat. Angeblich wird man manipuliert, belogen usw.

Ich weiß nicht, ob alle Drogenkonsumenten so stur, abweisend und intolerant sind. Ist das ein Kriterium, oder hat dieser Wesenszug überhaupt nichts mit Drogen zu tun? Sind es vielleicht die eigenen Unzulänglichkeiten bzw. Minderwertigkeitskomplexe, unter denen er schon immer gelitten hat und die ihn so reagieren lassen? Rein äußerlich wirkt er nicht wie ein 20jähriger, er ist schmal und wirkt eher mädchenhaft. Dieser optische Eindruck wird natürlich noch verstärkt durch den Mittelscheitel und die glatten, langen Haare.

In einschlägiger Literatur suchten wir einen Ausweg aus diesem Dilemma. Aber leider geht man überall davon aus, daß die Abhängigen selbst von ihrer Sucht befreit sein wollen und auch darüber mit ihrer Familie reden. Davon kann in unserem

Fall keine Rede sein. Er wird sofort rabiat und meint, er könne uns mit ein paar dummen Floskeln davon überzeugen, daß er ja jederzeit aufhören könne. Das Ganze ist so paradox.«

In einem anderen Brief heißt es:

»Unser Sohn macht uns allergrößte Sorgen! Wir registrieren einen Leistungsabfall in der Schule, vom Primus der Klasse mit 14 Jahren bis zum Sitzenbleiber mit 17. Das unsoziale Verhalten in der Familie mit unverschämten Formulierungen ist unerträglich geworden. Sein Benehmen vermittelt uns vielfach das Gefühl, als wenn er nicht alle Sinne beisammen hätte.

In den Jahren 1979 und 1980 hat er ein Internat besucht und dort, während einer Klassenfahrt, Kontakt mit Haschisch bekommen. Nach eigener Aussage hat er jedoch nur sporadisch geraucht, gegen Ende der Internatszeit fast täglich. Er behauptet, stärkere Drogen nie zu sich genommen zu haben, auch haben wir die Zusage von ihm, daß er den Hasch-Genuß beenden will, denn wir haben inzwischen verschiedene gemeinsame Gespräche mit Psychologen, Elternberatung usw. geführt.

In den letzten Wochen und Monaten registrieren wir jedoch einen fast täglichen Alkoholgenuß! Die ›Freunde‹ stammen nicht aus seiner eigenen Klasse, sondern sind zumeist älter als er. Das hat zur Folge, daß man sich viel in Jugendkneipen trifft.

Unser größter Elternwunsch ist es natürlich, unserem Jungen schnellstens zu helfen! Auf vernünftiges Zureden, Aufzeigen der Konsequenzen usw. reagiert er nicht. Mit sich und der Welt offensichtlich höchst unzufrieden, überschätzt er ständig seine verbliebenen Fähigkeiten und belügt sich selbst.«

Wieder ein anderer Brief:

»Als Mutter von vier Kindern und in der Schulpflegschaft tätig, habe ich immer, bevor ich selbst betroffen war, Drogenaufklärung für sehr wichtig gehalten.

Nun ist es soweit, daß meine älteste Tochter, bald 17 Jahre alt, des öfteren Haschisch geraucht hat. Seit einem Jahr beobachtete ich ihre Entwicklung voller Sorge. Vor einem ¾ Jahr glaubte ich sie beim Hasch-Rauchen überrascht zu haben. Unsere Tochter ›schien‹ Einsicht zu gewinnen und schwor, Hasch würde sie nie und nimmer rauchen. Nun, sie hat es doch getan, seit wann? – wie oft? – ich weiß es nicht genau. Gefühlsmäßig hat sie es seit einem ¾ Jahr hin und wieder probiert und in den letzten 2 Monaten regelmäßiger, vielleicht 1–2mal pro Woche, geraucht. Weihnachten hat sie sich so viele ›Böcke‹ erlaubt (aus dem Fenster raus, einfach verschwinden, sich in obskuren Lokalen aufhal-

ten), daß es uns erst da klar wurde, daß sie Hasch rauchte. Seit dieser Zeit sind wir wieder sehr im Gespräch.«

Noch eine Schilderung:

»Mittelpunkt unseres Denkens und Sorgens war in diesem Jahr unser Sohn. Gegen seine ›Probleme‹ sind all die anderen Kümmernisse klein geworden.

Seine Unfähigkeit, weder seine schulische Ausbildung abzuschließen noch eine berufliche Ausbildung zu beginnen oder nur einen ›Job‹ länger als 14 Tage durchzuhalten, verstärkte den schon lange gehegten Verdacht auf massive psychische Störungen. Vor etwa drei Jahren begann er Hasch und später (wahrscheinlich wenig) LSD zu nehmen. Während im großen und ganzen der gesunde Körper und Geist nach Befriedigung der Neugierde deutliche Warnzeichen aufstellt, sucht der durch seelische Strapazen verschiedenster Art geschwächte Günter das Unwirkliche, das Erträgliche.

Im Mai dieses Jahres zwang uns sein akutes Versagen zum Arzt. Günter sprach unzusammenhängend, wurde durch Angst und Schlaflosigkeit in einen bemitleidenswerten Zustand des Elends getrieben. Sein Blick bekam etwas maßlos Trauriges, sein Lachen etwas befremdend Angsteinflößendes. Sein Gedächtnis begann abnorm auszusetzen.

Wir Eltern, aber auch seine Geschwister, haben inzwischen alle sich bietenden Möglichkeiten wahrgenommen, um einen Weg heraus aus seiner Dunkelheit zu finden.«

Zuletzt noch Martins Mutter:

»Seit Januar dieses Jahres wissen wir, daß mein Sohn Martin gefährlichere Drogen als Haschisch oder Marihuana nahm. Ob er spritzt, wissen wir nicht, obwohl ich im April beim Aufräumen seines Zimmers ein Spritzenbesteck fand. Martin sagte, er hätte es nur zum Angeben gebraucht. Das wäre möglich. Martin ist 16 Jahre alt. Er hat einen IQ, der ihn zur Gymnasialbildung prädestiniert, aber jetzt hat er nicht mal die Mittlere Reife geschafft, obwohl er das 9. Schuljahr schon wegen mangelnder Leistung und auffälligen Benehmens wiederholte.

Zur Zeit ist er in einem Lehrlingswohnheim untergebracht und arbeitet als Hilfsarbeiter in einer Druckerei. Ideal ist diese Lösung nicht, aber etwas Besseres zu finden war nicht möglich.«

Wir haben solche Briefe im Laufe der Jahre in vielen Ordnern gesammelt, und sie haben uns immer wieder bewiesen, daß die wichtigsten Beobachtungen und Erfahrungen eines Suchtverlaufs nicht erfaßt werden, wenn die mitbetroffene Familie aus Behandlung und Erforschung des Drogenproblems ausgeklammert bleibt.

Die betroffene Familie, die Eltern von Konsumenten sehen die Drogenentwicklung ihrer Kinder mit größerer Sensibilität für das geistig-seelische Geschehen, schon deshalb, weil sie sie lieben. Das für die Medizin (und die meisten Medien) anscheinend wichtigere körperliche Geschehen, das direkt Meßbare und Nachweisbare, steht für sie nicht so sehr im Vordergrund. Eltern und Geschwister erleben Veränderungen durch Drogenkonsum ganzheitlich, denn sie kennen die Persönlichkeitsfeinstruktur, die Besonderheiten, Schwächen, Stärken und Begabungen, die Eigenheiten und die Entwicklungstendenzen des Angehörigen vor seinem Drogenkonsum.

Die Verkennung und Unterschätzung der Drogen Haschisch und Marihuana entstand wohl vor allem aus zu »objektiver wissenschaftlicher Beobachtung«, ohne entsprechende Berücksichtigung der Persönlichkeit vor dem Drogenkonsum. Eltern erleben dagegen den inneren Niedergang, die Entfernung des Konsumenten von sich selbst, seinen Realitäts- und Persönlichkeitsverlust sehr dramatisch:

»Unser Sohn Gerd ist in einer intakten Familie aufgewachsen und hat sich bis zu seinem 16. Lebensjahr normal entwickelt. Dann: Schwierigkeiten in der Schule, 2 × nicht versetzt worden, Ausschluß aus der Schule. Internat gesucht und gefunden, aber von zu Hause ausgerückt und mit einer Band herumgezogen. Schulanfang versäumt. Spielte seinerzeit Baßgitarre. Baldige Rückkehr ohne Instrument und Sachen, nur was er auf dem Leib trug. Dann ein Semester am Orff-Institut. Kein Interesse mehr. Aufnahmeprüfung am Konservatorium, nicht bestanden. 2 Semester Grafikerschule, gut beurteilt, trotzdem aufgehört. Zwischendurch immer wieder mit Bands gespielt. Lehrstelle in einem Musikverlag angenommen. Bald wieder geflogen. Wieder Musik gemacht und auch privat Klavierstunden genommen. Für Musical Hair und Abi Ofarim gearbeitet. Nochmals Prüfung am Konservatorium und angenommen. Durch häufiges Fehlen schließlich Ausschluß.«

Oder so:

»Sicher, noch kann man hin und wieder mit ihr ins Gespräch kommen, doch schon nach kurzer Zeit fühlt man, wie ein Vorhang zwischen ihr und uns fällt und man nicht an sie herankommt. Tagelang hockt sie im wahrsten Sinne des Wortes

zu Hause in ihrem Bett, das Zimmer abgedunkelt, und läßt sich Gehör und Gehirn volldröhnen mit dieser scheußlichen Musik, die uns nur noch Grauen einflößt. Kommt dann der Abend, wird das Mädchen unruhig. Sie zieht sich an und geht, dahin und dorthin, auf Trip, wie sie es nennt. Aus ihren Erzählungen, bruchweise zwar, lernten wir eine dunkle, verbrecherische Welt kennen. Sie ist keines Gefühls mehr mächtig, sieht nicht mehr ein, daß es noch andere Kriterien gibt, als sich in einen Rausch zu stürzen, der doch kein Problem löst. Sie ist verwahrlost, ißt fast nichts, kann sich nicht mehr konzentrieren, ihr Sprachschatz ist sehr dezimiert worden und nivelliert nach unten. Meine Frau und ich versuchten ihr zu erklären, daß durch ihr Verhalten, ihre sogenannten Freunde, ihre Haltlosigkeit, Schmutz und Verkommenlassen, die häusliche Luft derart vergiftet ist, daß sie auch schon den 11jährigen Bruder irgendwie infiziert. Er ist übernervös, überempfindlich geworden, klammert sich an sein Kindsein geradezu verzweifelt. Man redet und redet, aber eher wird man ein Loch in die Wand reden, als Zugang zu ihrer Seele finden.

Meine Frau und ich sind am Ende unserer Kräfte, das ist nicht einfach so dahingeredet, es ist so. Nur äußert es sich bei jedem anders. Meine Frau ist erfüllt von einer krankhaften Hast in ihrem Gehabe mit nachfolgenden Zusammenbrüchen; bei mir ist alles Lethargie geworden, gemischt mit dem bedrückenden Bewußtsein, daß unsere Tochter alles Ungute von mir geerbt hat.

Es ist nicht so, wie Sie vielleicht denken könnten, daß wir in einem asozialen Milieu lebten. Wir haben eine schöne Wohnung, Auto haben wir zwar nicht, was uns nie bedrückte, wir lieben beide Bücher und Musik, sind aber nun dermaßen geistig auf einem Punkt stehengeblieben, daß wir nichts mehr geben können und keinen Weg aus dem Teufelskreis finden.«

Oder wie diese Mutter:

»Der von Ihnen beigelegte Brief einer Mutter an Sie hätte fast auch von mir sein können, so ähnelt der Werdegang dem unseres drogensüchtigen Sohnes. Wir kommen an unseren Sohn einfach nicht mehr heran. Gespräche oder Hinweise an ihn werden mit brutalen, knappsten Bemerkungen gleich im Keim erstickt.

Robert wird in letzter Zeit in zunehmendem Maße ausfällig und ordinär. Ich habe auch leider Angst vor ihm, direkte körperliche Angst, wenn außer ihm und mir niemand im Hause ist. Wir nehmen an, daß er sich jetzt auch an unserem relativ kleinen Ort mit Rauschgift versorgen kann.

Die Geschwister haben ihre Kreise, ihre Erlebnisse, der

jüngere Bruder hat nun in puncto Auto den Älteren überholt, er fährt eines, wenn auch uraltes, aber das des Großen ist abgemeldet und rostet vor sich hin. Auch die dann folgende Schwester wird langsam größer und schickt sich an, auch mal an einer Diskussion am Familientisch teilzunehmen. Robert muß also merken, daß für die anderen eine Entwicklung stattfindet, er dagegen schwer zurückgefallen ist. Wie bringe ich ihn nur zur Umkehr? Wie soll es mit ihm nur weitergehen?«

Eine Mutter schildert erste Besserungen:

»Ich darf wohl voll Dankbarkeit sagen, daß sie zugewandter geworden ist. Sie kümmert sich – ein wenig – um uns, und es ist auch schon wieder einmal ein Gespräch mit ihr möglich, wenngleich sie offensichtlich nicht in der Lage ist oder nicht gewillt ist, konzentriert über längere Zeit zu folgen. Sie räumt ihr Zimmer öfter (oberflächlich!) auf, und voll Freude registrierten wir, daß sie für ihren Bruder Marmeladen kochte, Kuchen backte und auch bei meinem (kleinen) Geburtstagsfeste unsere Freunde aufmerksam, lieb und ausdauernd betreute. All das war vor einem ¼ Jahr nicht mehr da. Da ›hing‹ sie nur noch in ihrem Zimmer – schlief, las, dudelte Musik – oder war unterwegs. Auch in der Schule ist sie wieder etwas besser geworden. So durften wir eigentlich eine positive Entwicklung annehmen, wenn sie nicht gleichzeitig einen erschreckenden intellektuellen Abbau zeigte. Bewußt wird mir seit etwa ½ Jahr, daß sie orthographische Fehler macht, die einem 10jährigen böse angekreidet würden. So schreibt sie z. B. ›Packpulver‹ und den Rhein in der gleichen Abhandlung ›Reihn‹ und ›Rhein‹. Ihre schriftlichen Ausführungen sind ›faselnd‹, oft abrupt springend und meist das Kernproblem nicht mehr erfassend.«

So erlebt es eine andere:

»Ich werde belächelt mit meiner Argumentation – alles ist nur halb so schlimm, und sie erklärt mir überzeugend, nichts zu nehmen. Glaubt denn ein Konsument diese Version tatsächlich selbst? Immer wieder höre ich von unserer Verlogenheit und der Scheinwelt, in der wir *leben. Mir dreht sich alles im Kopf – so stehen doch die Realitäten auf dem Kopf.*

Dazwischen die scharfen, verletzenden, haßerfüllten Angriffe auf uns, die mich in die Knie zwingen. Hinter allem stehen meiner Ansicht nach eine tiefe depressive Lebensverneinung und ein gravierender Selbsthaß, vermutlich durch Drogen noch gefördert. Ist diese Version wohl richtig? Helfen könnte ihr aus dieser Fehlentwicklung heraus nur eine gezielte therapeutische

Beratung, aber Versuche unsererseits, dies zu empfehlen, schlugen immer fehl. Sie hat keine Probleme, wird lächelnd vorgetragen. Mich schlaucht dies alles unheimlich, so daß ich kaum zu vernünftiger Arbeit fähig bin. War denn alles vergeblich, was man in 20 Jahren an seine Kinder an Liebe und Hingabe verwandt hat?«

Ein junger Mann von etwa 26 Jahren, typischer »Soft-User« von Haschisch – seit mehr als 8 Jahren –, saß mit seinem Vater vor mir.

Wer ihn nicht vorher – d. h. ein Jahr vor seinem Abitur – schon gekannt hatte, konnte nicht erkennen, wie weit er sich von sich selbst entfernt hatte. Er selbst glaubte ja an die Logik und Selbstbestimmung in seiner bisherigen Laufbahn. Vom anvisierten Medizinstudium – seine Noten bis zum Drogeneinstieg rechtfertigten das voll – über plötzlich nachlassende Lust am Lernen, Klage über Sinnlosigkeit der Lernstoffe, Leistungsdruck und Leistungsverweigerung – erreichte er schließlich Abiturnoten, die gerade noch zum Studium eines numerus-clausus-freien Faches langten. Frustration, zunehmende Unfähigkeit zu geregeltem Tagesablauf, Konzentrationsschwäche, Zielverlust – von ihm ideologisch gefärbt als Überforderung und spießige Erpressung zur Konformität erlebt – ließen ihn das Studium nach zwei Semestern abbrechen und als zweiten Studienweg Landwirtschaft versuchen – wegen der Nähe zur Natur. Nach fünf Semestern machte er die Erfahrung, daß er *nichts* von diesem ganzen »Lernquatsch« – wie er es nannte – behalten hatte. Er fand es nun sinnvoller, sich – wie er das sah – mit dem »arbeitenden Volk« zu solidarisieren. Er jobte, wenn das Geld vom Dealen nicht reichte. Vernachlässigung von Körperpflege und Nahrung, von ihm als Anspruchslosigkeit erlebt, taten ein Übriges. Er sah jämmerlich aus, fühlte sich aber gesund und wohl. »Was wollt ihr eigentlich?«

Im Laufe des Gesprächs schaute der Vater seinen Sohn an und stellte ihm die Frage: »Weißt du, wo du dich am meisten verändert und, wie wir es sehen, am schlimmsten von dir selbst entfernt hast? Du warst von unseren fünf Kindern das herzlichste und fröhlichste. Wenn du dich freutest, dann strahltest du so, daß wir anderen uns einfach mitfreuen mußten. – Seit du Haschisch rauchst, hast du nie mehr gestrahlt. Wenn du dich – wie du sagst – immer noch freust, dann hast du das in dir verschlossen. Es geht von dir jedenfalls nur noch graue ›Laß-mich-in-Ruh‹-›laß-ich-dich-in-Ruh‹-Gleichgültigkeit aus.«

Es folgte ein langes Schweigen zwischen uns. – Viel später berichtete der junge Mann, in diesem Moment zum ersten Mal *gefühlt* zu haben, daß vielleicht bei ihm selber etwas nicht mehr stimme.

War er wirklich »nur« ein Versager, ein Aussteiger, ein geistig-seelisch Labiler, aber ansonsten gesund? Er ist kein Einzelfall.

II. Familie als Risiko oder Chance?

Jede betroffene Familie erlebt ihr Schicksal – nach dem heutigen Stand des durch die Medien verallgemeinerten »Wissens« – als ganz persönliche, vor allem vom eigenen Verhalten, Wollen und Handeln abhängige Entwicklung. Die bohrende nächtliche Frage nach dem »Warum« wird daher zwangsweise zum: »Was haben wir falsch gemacht? *Wann* hätten wir *was* noch *wie* verhindern können?« Diese Suche »nach der Ursache« wirkt zerstörerisch auf die beste Ehe, die intakteste Familie. Es lassen sich ja in jeder Familie, in jeder Ehe, und bei jedem Kind – im nachhinein – Fehler und etliche Gründe zu Fehlentwicklungen, mögliche Auslöser von seelischen Erkrankungen, nachweisen.

Diese ergeben dann auch sehr sinnvoll erscheinende Erklärungen für das Verhängnis, aber führen – da nichts mehr rückgängig gemacht werden kann – nur noch tiefer in Ausweglosigkeit, Hilflosigkeit und Resignation.

So beginnt Frau S. ihren Brief voller Selbstvorwurf:

»Ich bin die Mutter einer drogenabhängigen Tochter und habe bisher wohl alles falsch gemacht. Auch Sie werden mir sicher nicht helfen können, aber vielleicht finden Sie ein paar Worte des Trostes für mich.«

Eine andere Mutter fragt:

»Meine Tochter, mein Mann und ich, wir halten alle sehr zusammen, um P. zu helfen, aber immer wieder sagt man uns, wir hätten alles falsch gemacht und nun wäre es nicht mehr möglich. Gibt es denn gar keine Hoffnung?«

Und so oft heißt es:

»Wir sind so verzweifelt und hilflos. Wir hätten nie geglaubt, daß es sowas gibt. Mein Mann und ich führten eine sehr glückliche Ehe, und unser Familienleben war immer sehr harmonisch.«

Gerade die vom Drogenproblem betroffene Familie zeigt aber, wenn in ihr mehrere Kinder heranwachsen, daß offensichtlich doch der gleiche »Fehler«, das gleiche »Versagen« der Eltern bei verschiedenen Kindern auch verschiedene Wirkungen und Folgen hat. Was das eine Kind schwächte, hat das andere geradezu gestärkt: Da steht dann im Nachsatz:

»Zum Schluß muß ich Ihnen aber noch sagen, daß wir noch eine Tochter mit 23 Jahren haben, die zielstrebig ihren Weg geht und dabei ist, ihr Examen als Diplom-Volkswirt zu machen.«

Oder:

»Wie gut nur, daß unsere fünf anderen Kinder es hinnehmen, zurückzustehen und doch ihren Weg gehen. Sie sind uns so nicht nur eine große Hilfe, sondern beweisen uns eigentlich durch ihr So-Sein, daß wir nicht alles falsch gemacht haben.«

Eine Schwester kümmert sich um ihren Bruder:

»Ich habe die Unterlagen meinem Bruder gegeben und auch – soweit möglich – mit ihm darüber gesprochen ... Ich werde auf jeden Fall weiterhin versuchen, ihn zur Einsicht zu bringen, obwohl es schon schwierig ist.«

Die tiefgreifende Verunsicherung der Eltern von heute ist ja nicht nur im Drogenproblem spürbar. Geht es den Eltern der kriminellen Jugendlichen, der jungen Alkoholiker und der jungen Selbstmörder, der Terroristen und der Sektenanhänger anders?

Wir leben in einer Konsumgesellschaft, die noch keine Normen für ein lebenserhaltendes Konsumverhalten entwikkelt hat. Dadurch ist die Erziehung der Kinder zunehmend ein Spiel um Leben und Tod ohne Spielregeln, ohne Spielanleitung und gegen Mitspieler mit gezinkten Karten geworden.

Das Bewußtsein gerade junger Menschen wird überschwemmt von künstlichen Bedürfnissen, die auf »Lustgewinn« und gegen jeden Triebverzicht ausgerichtet sind.

Das Ungleichgewicht der finanziellen und informativen Mittel, zwischen kommerziell bestimmter »Erziehung« einerseits und sozial und human ausgerichteter andererseits, ist bedrohlich geworden. Immer mehr Jugendliche erreichen zwar entwicklungsgemäß die Fähigkeit zur Verselbständigung, werden aber von all den pseudoprogressiven und gefährlich »jugendfreundlichen« Schmeicheleien daran gehindert, sich die Techniken, Regeln und Methoden echter Selbständigkeit anzueignen.

In einer Situation und Zeit, in der Erziehung an sich schon als Repression mißverstanden wird, ist es dann billig, den Eltern vorzuwerfen, sie hätten kein brauchbares Erziehungskonzept; was sie auch tun, es ist in den Augen derer, die bei uns darüber vernehmlich urteilen, unmodern, lächerlich, dumm – auf jeden Fall falsch.

Hier müssen wir einmal die Frage stellen: Gibt es denn

entsprechende Erziehungskonzepte? Hat diese Konsumgesellschaft überhaupt schon Normen und Erziehungsinhalte entwikkelt, die richtiges Erziehen für diese Welt möglich, erlernbar (wenn ja, wo?) und falsches Erziehen früh genug erkennbar und korrigierbar machen?

Bisher hat man dadurch, daß man die Eltern allgemein zu Sündenböcken für Probleme, Mängel und Entwicklungsfehler der ganzen Gesellschaft gemacht hat, die Familienatmosphäre nur noch mehr vergiftet und Erziehungsresignation, Passivität sowie den Rückzug in den Konsum verstärkt. Eines hat man am wenigsten erreicht: eine aktive Mitarbeit der Eltern an der Lösung der Probleme.

Eltern von Drogenkonsumenten und Drogenabhängigen – Eltern von verhaltensgestörten und an der unbewältigten Gegenwart krank gewordenen Kindern und Jugendlichen – erfahren das besonders schmerzlich. Solange sie isoliert, durch Mangel an Information und Wissen konzeptlos und verunsichert, durch Anklage und Kritik zermürbt und dem scheinbar unausweichlichen Schicksal ihrer Kinder ausgeliefert sind, nimmt dieses Schicksal – trotz eventueller Hilfen durch Kliniken und Fachleute – meist ungehindert seinen tragischen Lauf.

Frederic Vester sagt im Katalog der Ausstellung »Unsere Welt, ein vernetztes System«:

»Unsere Welt ist ein vernetztes System. Wir verhalten uns aber so, als ob sie aus unabhängigen Einzelteilen bestünde. So wird unsere Zivilisation in zunehmendem Maße Rückschläge erleben.

Wir müssen uns ein neues Denken angewöhnen. Weg von dem simplen Ursache-Wirkung-Denken, hin zu einem vernetzten Denken, das nicht nur einzelne Faktoren, sondern vor allem deren Wirkungsweise mit einbezieht.

Die Gesetze der Physik und Chemie haben wir längst begriffen und richten uns danach; aber die Gesetze, nach denen sich komplexe Systeme am Leben erhalten, sind uns noch weitgehend fremd. Doch Systeme sind nicht kompliziert. Sie sind nur anders als Einzeldinge.«

Wenn wir uns das System Familie ansehen wollen, so müssen wir uns endlich bemühen, es in *allen* seinen Bezügen zu sehen, in seinen negativen *und* positiven Wirkungsmöglichkeiten. Daß Familie heute so in Frage gestellt wird, oft tatsächlich selbstzerstörerische Tendenzen zeigt und häufig vor Problemen und Anforderungen versagt, resultiert kaum daraus, daß sie – als

Institution – überholt wäre. Sie steht aber mit ihrem Erziehungsauftrag für morgen in einer Welt, in der die elementaren Voraussetzungen personaler Entwicklung zugunsten vordergründiger, momentaner und sinnlicher Gewinne aufgegeben wurden.

Passives Leiden, Warten auf öffentliche, staatliche oder kirchliche Hilfe, Vertrauen in den »guten Kern« des Kindes oder sein »Hinauswachsen« aus der Fehlhaltung und schließlich das Aufgebot aller Liebe, der letzten seelischen und körperlichen Kräfte, bleiben machtlos gegenüber dem, was z. B. die Droge, die sie verstärkenden Märkte und die davon Profitierenden jungen Menschen zu geben scheinen.

Dürfen wir wirklich warten, bis massiver Leidensdruck – körperlicher oder gesetzlicher (durch ihre Straffälligkeit) – sie zu »Einsichten« zwingt. Oder gibt es andere Ansätze?

Eine Mutter klagt an:

»Aus einer ganz verzweifelten Lage wende ich mich an Sie. Meine Tochter, gerade 16 Jahre alt, nimmt Rauschgift. Ich weiß, es gibt Tausende (leider), die das gleiche tun, und ebenso viele Eltern, die machtlos zusehen müssen, wie ihre Kinder Tag für Tag ein bißchen mehr zugrunde gehen. Es gibt, glaube ich, nichts, was ich nicht versucht hätte, um meinem Kind zu helfen. Relativ früh habe ich bemerkt, daß eine negative Veränderung mit meiner Tochter vorging. Gleich zu dieser Zeit habe ich mich an die Drogenberatung, Psychologen und Ärzte gewandt – und deren Rat (so gut ich konnte) befolgt. Viel Liebe, viel Freizeit, keine Ermahnungen, keine Drohungen – aber dennoch Konsequenz. Die Skala ließe sich noch beliebig fortsetzen. Ich gebe zu, daß ich mich wohl oft falsch verhalten habe, Gründe für mein ›Fehlverhalten‹ gibt es wohl genug. Angst allerdings regierte am meisten meine Gefühle, und Angst ist selten ein guter Ratgeber.

Ich frage Sie, gibt es denn wirklich in unserem Staat keine andere Lösung, als abzuwarten, bis dieser Mensch, zerstört im Denken, an Leib und Seele, in der Gosse liegt? Oder Selbstmord begeht, oder irgendwohin verschwindet, ohne daß man je wieder von ihm hört? Wissen Sie, was es heißt, Tag und Nacht in Angst zu leben, die einem die Kehle zuschnürt? Kaum schlafen, kaum essen zu können? Wie soll man begreifen, wie sich das einst an Leib und Seele so saubere Mädchen nur noch mit ausgeflippten Typen in abbruchreifen Häusern, die von Dreck und Unrat stinken – wohlfühlt?

Noch kommt sie nachts nach Hause – doch wie lange noch?

Das Gymnasium besucht sie zwar noch, aber ohne die geringste Teilnahme.

Warten soll man, bis sie von selbst zur Vernunft kommt. Aber es ist doch keine Vernunft mehr da! Das ganze Denken und Handeln dieses Kindes ist doch bar jeder Logik und Normalität! Sie lebt doch nicht mehr in unserer normalen Welt. Wie soll sie freiwillig in eine Therapie gehen, wo sie (ihrer Ansicht nach) vollkommen ›normal‹ lebt und ›nicht drogenabhängig‹ ist. Nur all die Normalbürger sind ›ach so armselige Spießer‹. Wo gibt es eine geschlossene Institution, Kinder dieser Art unterzubringen, bis das so verwirrte Hirn wieder logisch und normal denken kann? Der Weg zur seelischen Behandlung wäre doch erst dann frei, freiwillig garantiert und gewährleistet.

Es steuert doch kein Schiff auf einen Eisberg zu, dessen Spitze man schon sieht, unter dem Motto, mal seh'n, was nach dem Knall noch zu retten ist...

Versuchen Sie sich doch einmal vorzustellen, es wäre Ihre Tochter, die da so langsam aber sicher im Sumpf versinkt.

Ich kann und will diese Ohnmacht – dieses Nichts-tun-Können –, das langsame Sterben meines Kindes nicht länger tatenlos *mit ansehen. Es* muß *doch einfach irgend etwas geben,* früher *zu helfen. Bitte suchen Sie mit mir und im Namen so vieler Eltern, mit den gleichen Problemen, nach einer* brauchbaren *Lösung. Nach einem Ausweg aus diesem Drama. Ich versuche mir immer wieder Kraft zu holen bei Gott und bei den Menschen, die mehr über dieses Übel wissen als ich. Aber wie lange kann man all das Leid ertragen? Jeder Tag, ja, jede Stunde ist so wichtig, denn jeden Tag wird das Verhalten und die Denkweise, dieses einst so liebenswerten Mädchens erschreckender.«*

III. Schicksalsgemeinschaft Elternkreis

Es war für uns und unseren Sohn ein wichtiger, ja entscheidender Moment, als wir seinen zwar unsinnigen, aber doch sehr verletzenden Vorwürfen zum ersten Mal gelassen mit der Frage entgegentreten konnten: »Du verlangst also die idealen Eltern! Aber – haben wir etwa einen idealen Sohn?«

Was war geschehen?

Zu einem Drogenvortrag für Eltern in einem Jugendheim waren wir – und wir hatten ja guten Grund – als einzige Eltern erschienen. Außer uns kamen noch ein Kriminalbeamter des Rauschgiftdezernats und ein Vertreter des Jugendamtes. So setzten wir uns mit dem Referenten zu einem Gespräch zusammen, in dessen Verlauf es uns gelang, offen zuzugeben, daß wir betroffen waren, wir, die typischen Eltern, denen sowas *nicht* passiert!

Wir berichteten von unserem Weg um Hilfe und Rat »von Pontius zu Pilatus«; erzählten von der Enttäuschung durch »Fachleute« und »Zuständige«. Wir ließen einmal heraus, wie uns zu Mute war nach dem Martyrium der Selbstzerfleischung in 360 Tagen und Nächten des vergangenen Jahres mit »hätte«, »wenn« und »du warst zu hart«, »nein, du warst zu weich«, »wir waren vielleicht zu jung« u. a. m. Wenn dann irgend so ein »junger Spund« uns auch noch sehr dringlich fragte, ob wir denn mal darüber nachgedacht hätten, was wir selber falsch gemacht haben könnten, denn schließlich gäbe es Familien, die äußerlich intakt wären, aber ...

Es war ein gutes Gespräch an diesem Abend. Irgendwann tauchte der Hinweis auf, die Eltern von dem B. seien eigentlich Leute wie wir und die der M. wären sicher genauso verzweifelt.

Die Idee, sich an diese ebenso betroffenen Eltern zu wenden, führte zum Schreiben von Einladungen – die von Jugendamt und Kripo an die ihnen bekannten Familien weitergeleitet wurden – und innerhalb kurzer Zeit zum Treffen in eben dem Jugendheim.

Es war ein ergreifendes Erlebnis, als wir zum ersten Mal zusammenkamen: Alles ganz normale Leute – nur verzweifelt, verunsichert, erschöpft, mit traurigen Augen. Noch am selben Abend wuchsen wir zu einer Schicksalsgemeinschaft, einer

Selbsthilfegruppe zusammen, die als »Elternkreis drogengefährdeter und -abhängiger Jugendlicher« seit 1969 besteht.

Hier trugen wir nun unsere Beobachtungen zusammen, stellten aus Übereinstimmungen und deutlichen Häufigkeiten typische Anzeichen fest, tauschten Erfahrungen aus. Der mehr theoretische Ansatz der Fachwelt erschien uns immer unsinniger. Seiner Überbewertung des meßbaren, körperlichen Geschehens zur Beurteilung der Drogenschädlichkeit einerseits und seiner Unterbewertung körperlich-biochemischer Vorgänge zur Erklärung von Drogenwirkungen und Suchtentstehung andererseits stand unser ganz praxisbezogener Erfahrungsansatz gegenüber. Wir *erlebten* ja den *Alltag* des Drogenkonsumenten, den *Verlauf* seiner Karriere mit high *und* down. Wir sahen seine Veränderungen im Vergleich zu dem, was er vorher war, konnte und wollte. So begriffen wir die Drogenabhängigkeit unserer Kinder zunehmend als nicht mehr nur ganz persönliches Schicksal, sondern auch als eine von uns unabhängige Krankheitsentwicklung.

Das half uns, Distanz zu gewinnen, offener miteinander und zunehmend auch wieder mit anderen, nicht Betroffenen, darüber zu reden. Es gelang uns, aus der durch Scham und Ängste entstandenen Isolation herauszutreten, d. h., wir begannen wieder zu leben!

Nun erst verstanden wir, was ausgerechnet unser Drogenkonsument uns einmal vorgeworfen hatte: »Ja, glaubt ihr denn, ich will erwachsen werden, um schließlich dazustehen wie ihr? Was nützt euch denn all der Kram, den ihr habt? Ihr seid kaputter als ich, kaputt durch das eigene Kind!«

Das ganze Ausmaß der Wechselbeziehungen in der Familie, wenn sie in den Teufelskreis der Sucht gerät, wird hier deutlich. Wir begannen uns selbst zu beobachten und stellten in fast allen betroffenen Familien eine tragische Zwangsläufigkeit fest: Eltern verstärken durch völlig normales, liebevolles Reagieren das Suchtverhalten und den Drogenkonsum ihrer Kinder!

Im ersten Konsumjahr, in der kritischen Anfangszeit, solange der Jugendliche *noch* zu Hause wohnt und zur Schule geht, geschieht immer wieder folgendes: Er ist mal wieder unterwegs, bei »seinen Leuten«, wie nur kurz hingeworfen wurde beim Weggehen. Das ist nun sehr häufig so. Eigentlich gehört er schon gar nicht mehr zur Familie, will es auch oft nicht mehr, spricht von »ihr«, wenn er Eltern und Geschwister meint, und von »wir«, wenn er die uns meist unbekannten namenlosen oder »Spitznamen-Leute« meint. Auch ist er (der Jugendliche – ob Junge oder Mädchen) in letzter Zeit mehr als wortkarg – aggressiv – stur – ganz Ablehnung. Nun, »das ist die Zeit der Ablösung, das muß wohl so sein«, trösten wir uns.

Dann kommt er jedoch eines Abends heim und findet uns noch alle im Wohnzimmer. – Oh Wunder, er geht strahlend auf uns zu –, zumindest im Gegensatz zu sonst. Ein Geschenk des Himmels! Eine Chance, endlich einmal wieder miteinander zu sprechen, Interesse an ihm zu zeigen, ihn mit der ganzen Wärme einer ihn liebenden Familie zu umhüllen. Seine etwas schwebende Distanz nehmen wir in Kauf, seine Unkonzentriertheit tolerieren wir – es gibt ja so viel zu sagen, wenn er nur mal zuhört und nicht gleich hochgeht!

In allen betroffenen Familien sind solche »Gesprächsabende« bis in die tiefe Nacht hineingelaufen. Sie hinterließen eine total erschöpfte Familie und einen – eigenartigerweise vom Gesprächsverlauf ganz unabhängig – heiter-zufriedenen Konsumenten, der am nächsten Morgen von nichts mehr wußte. Es muß nicht an diesem Morgen sein, aber der gleiche junge Mensch ist ein anderes Mal – und das vor allem oft morgens – einfach unerträglich. Bösartig – provokativ – aggressiv, fühlt er sich schon durch unsere Gegenwart gereizt und macht auch keinen Hehl daraus. Wenn's gutgeht, ziehen wir uns in Schweigen zurück, gehen ihm aus dem Wege oder lassen uns zur Gegenaggression provozieren.

Was aber steckt hinter diesem uns allen so bekannten Geschehen?

Wenn der Konsument unter »Wirkung« steht – oder unmittelbar danach –, ist er oft im Verhältnis zum »Normalzustand« heiter, anlehnungs- und gesprächsbereit, sowie unkritisch und gedämpft gefühlsbetont. So kommt er uns entgegen, und wir belohnen das mit voller Zuwendung. Andererseits bestrafen wir durch Abwendung seine »Bosheit«, die vor allem entstanden war, weil er keine Droge mehr hatte, vielleicht auch kein Geld mehr, sich was zu besorgen.

Nach den einfachsten Gesetzen der Verhaltenslehre belohnten wir so den Drogenkonsum durch Zuwendung und bestraften das Ohne-Droge-Sein durch Abwendung.

Unsere Kinder erlebten sich dabei selbst als auch für die Familie nur noch unter Drogeneinfluß erträglich. Es ging ihnen ähnlich in der Schule, im Freizeitheim usw.

Spätestens hier mußten wir begreifen, daß uns gesundes Empfinden, Liebe und Augenmaß in der Erziehung der Kinder heute nicht mehr genügen. Ist aber erst einmal die Droge mit im Spiel, soll unser Elternverhalten auch noch hilfreich und zielorientiert sein, müssen wir mehr wissen, müssen wir eine Menge lernen und an uns selbst arbeiten.

Das kann von betroffenen Eltern geradezu als Erlösung erfahren werden. Vor allem für die Väter ist es oft ja das Schlimmste, sich so ausgeliefert und absolut handlungsunfähig zu fühlen. Nun gibt es etwas zu tun! Die für die Elternmitarbeit so wichtige Voraussetzung – die eigene Veränderung – ist so gesehen ein Heraustreten aus dem Festgefahrenen, ist eine Eröffnung neuer Möglichkeiten, ist Hoffnung.

Ein Ausspruch in einer Morgenandacht im Rundfunk gab mir die Erklärung, warum Eltern im Elternkreis die Aufforderung zur Selbstveränderung so völlig anders aufnehmen als die gleiche Aufforderung aus dem Munde von manchen »Beruflichen«. Da hieß es: »Wer einem anderen mehr zutraut als dieser sich selbst, der gibt ihm Hoffnung.«

Betroffene Eltern sind übersensibilisiert und spüren sehr fein, was vor allem hinter einer Aufforderung zur Veränderung steht: der Vorwurf, bisher alles falsch gemacht zu haben, oder das Zutrauen, es besser machen zu können.

Hinzu kommt im Elternkreis noch eine hilfreiche Besonderheit: Dort sind Eltern, die schon durchlebt haben, was andere noch vor sich sehen. Dort treffen sich Menschen, die ihr Schicksal angenommen haben und die gelernt haben, trotzdem oder sogar dadurch intensiver und bewußter zu leben. Der Mensch lernt nun mal nicht aus Glück und Wohlleben, sondern aus Leid und Herausforderung! Wenn betroffene Eltern es schaffen, aus dem Teufelskreis des passiven Mitleidens, Miterkrankens herauszutreten, wenn sie diese ihre Herausforderung – die eigene Fehlerhaftigkeit und die krankhafte Veränderung ihres Kindes – annehmen und aktiv werden, dann erleben sie eine echte Bewußtseinserweiterung.

Ihr ganzes Erleben wird bewußter.

Gewiß, Eltern könnten diesen Weg allein finden und gehen, doch in der Gemeinschaft mit Schicksalsgenossen ist es leichter, und es besteht weniger Gefahr, zuviel auf einmal zu wollen. Schließlich sind wir selbst ja auch in ganz erheblichem Maße durch unsere Welt und ihre Medien beeinflußt. Die Gefahr, »das Optimale« zu wollen, aber kleine Schritte – und das ist oft das einzig Mögliche – zu lassen, ist groß. Fast ebenso verführerisch ist der Anspruch, ab sofort in sichtbarem und spürbarem

Zusammenhang mit unserem neuen Verhalten auch schon einen Erfolg oder wenigstens eine Reaktion zu erleben.

Neben der Hoffnungslosigkeit sind es diese beiden Erwartungen, die unserer Fähigkeit zur wirksamen Selbsthilfe und Hilfe am meisten entgegenstehen.

Im Elternkreis treffen Eltern in den verschiedenen Phasen der eigenen Entwicklung und in den unterschiedlichsten Stadien der Abhängigkeit ihrer Kinder zusammen. Die Zeiträume, die zwischen konsequentem, richtigem und hilfreichem Elternverhalten und entsprechender Wirkung liegen, werden so wenigstens an anderen erlebbar, überbrückt. Das festigt den Mut und das Selbstvertrauen und hilft uns, das Wichtigste, aber auch Schwierigste zu entwickeln, das wir im Umgang mit unseren drogenkranken Kindern brauchen: Gelassenheit!

Familie R.:

»Ich glaube von unserer Situation sagen zu können, daß wir diese furchtbare Zeit des Ringens um unsere Tochter ohne die Erfahrungen und Kenntnisse der anderen, ohne diesen oft so trostvoll und aufmunternd empfundenen Zuspruch wahrscheinlich nicht so durchgehalten hätten und es heute, nach über dreijährigem Kampf, nicht so hoffnungsvoll aussähe. Wir haben erfahren, wie sehr wir Menschen uns gegenseitig doch brauchen, wie sehr wir aufeinander angewiesen sind. Vor allen Dingen, was es heißt, in verzweifelter Notlage nicht allein zu sein, sondern Verstehen zu finden bei Menschen, die ähnliche Dinge kennen und erfahren haben. Sie haben einen wesentlichen Teil dazu beigetragen, uns auf den richtigen Weg zu bringen.

Nochmals: Danke.«

Frau E.:

»Aber da ich fast nichts über Drogen und das Verhalten von Drogenkonsumenten wußte, fühlte ich mich sehr hilflos und sah als Ausweg eigentlich nur, meine Tochter in eine andere Umgebung zu bringen.

Da hörte ich vom ...er Elternkreis und nahm sofort Verbindung auf. Ich fand einen Kreis betroffener Eltern, die nicht über das eigene Leid jammerten, sondern hart am Drogenproblem arbeiteten. Zuerst sagte man mir, ich müsse – soviel ich könne – lernen. Ich müsse lernen, die Sprache der Jugendlichen zu verstehen. Und ich lernte. Mit der Zeit wurde ich immer sicherer. Die Gemeinschaft des Elternkreises stärkte mich, ich lernte, daß nur ich *meiner Tochter helfen konnte. Und ich lernte auch zu sehen, daß nicht nur meine Tochter Hilfe brauchte. Ganz langsam baute ich so ein anderes Verhältnis zu ihr auf. Sie gewann Vertrauen und – trotz vieler Rückfälle – immer mehr das Bewußtsein, bei mir echte Hilfe zu haben. Ein Satz, im Elternkreis geprägt, wurde mir besonders wichtig: Alles* für *den Drogenkonsumenten, alles* gegen *die Droge.«*

Ein Drogenabhängiger schreibt aus dem Gefängnis:

»Wenn ich nun auch nicht in allen Punkten mit Ihren Ansichten übereinstimme, so muß ich doch aufrichtig gestehen, daß Ihre Publikation von den mir bisher bekannten wohl das sachlichste und problemvertrauteste Material ist.*

Meinen Eltern, die sich stets bemüht haben, in diese Frage einen tieferen Einblick zu gewinnen, würden Ihre Unterlagen sicher eine hilfreiche Unterstützung sein. Zwar soll auch in dem für meine Eltern in Frage kommenden Ort ein Elternkreis gegründet werden, doch ist mir bislang nichts von der Verwirklichung bekannt. Sie würden mir also einen großen Gefallen tun, wenn Sie meinen Eltern die Broschüre und eventuell noch weiteres Informationsmaterial über Elternkreise zukommen lassen wollen.«

Ein Elternpaar fragt:

»... und wir sind fest entschlossen, den von Ihnen vorgezeigten Weg zu gehen. Aber wie Sie ja selbst schreiben, ist es nicht leicht, die nötige Stärke und Konsequenz zu wahren.

Wir halten es deshalb für unbedingt erforderlich, Gespräche mit betroffenen Eltern zu führen – auch weil wir Antworten auf viele Fragen und Verhaltensmuster für viele Situationen suchen. Vielleicht gibt es in unserem Raum schon solche Kreise.

Und eine inzwischen selbst aktive Mutter schreibt:

»Ohne das Problem der Drogen im eigenen Hause, ohne diese Leiden wäre es Ihnen evtl. nicht möglich gewesen, sich dieser Sache so intensiv anzunehmen. So muß wohl manches im Leben geschehen, auch wenn es noch so bitter ist. Sicher gilt das auch für Pauls Drogenlaufbahn, oft habe ich schon gesagt, daß das schließlich das positive Abfallprodukt ist.

Vermutlich gaben gerade diese Erfahrungen Kraft, sich für die Drogenproblematik einzusetzen.

Aus ganzem Herzen hoffe ich, daß unsere Familie wieder in die richtigen Gleise kommt und wir unsere Kraft und Zeit weiter anderen Menschen geben können.«

Eine andere:

»Zu der Zeit war ich zwar bereit, auch anderen zu helfen,

* »Durchblick«, siehe Literaturverzeichnis S. 151

meine ›Drogenerfahrung‹ auch anderen als ein Stück Wegweiser zu vermitteln, doch weiter waren meine Familie und auch ich noch nicht. Mir wurde dann bewußt, daß die ganze Familie aus der Anonymität herausmußte, wenn wir wirklich helfen wollten. Insbesondere durch Presseberichte war es möglich, Eltern zu motivieren, sich zu Gesprächen zu treffen.

›Hilfe durch Selbsthilfe‹ und der Satz ›Aus ganz normalen Familien kommen ganz normale Süchtige‹ waren unsere Leitsätze.

Unser Pfarrer bot uns das Gemeindehaus als Treffpunkt an. So findet hier 14täglich ein Gesprächsabend statt. Betroffene Eltern, Jugendliche, Sozialarbeiter der Beratungs- und Kontaktstelle, unser Pfarrer, Drogenkontaktlehrer, Vertreter der Elternpflegschaft sowie alle an dem Problem Interessierten, auch aus den umliegenden Orten, treffen sich hier.

Das war ein guter Anfang.«

Daß es nicht ein spezieller »Elternkreis« sein muß, zeigt dieser Auszug aus einem Brief:

»Vor etwa 2 Jahren hatten wir mit dem ...er Elternkreis Verbindung aufgenommen, sind ihm jedoch damals nicht beigetreten, weil es zu den Zusammenkünften für uns viel zu weit ist, wir andererseits auch den Eindruck hatten, der Kreis beschäftigt sich mehr mit dem Problem, wie können Eltern von Drogensüchtigen mit ihrem eigenen Kummer und allem, was durch diese Kinder an sie herankommt, überhaupt leben, ohne selbst dabei krank zu werden und sich kaputtzusorgen. Das haben wir auf andere Weise bewältigt und gelernt (in einer engen christlichen Gemeinschaft, der wir allerdings inzwischen nicht mehr angehören, weil sie uns zu eng wurde). Aber wir haben durch diese Menschen große Hilfe erfahren bzw. gelernt, mit unserm Problem zu leben.«

Wenn aber in einer großen Stadt endlich ein Elternkreis entsteht, gibt es Arbeit:

»Wir haben mit 3000 Flugblättern angefangen, die über das Stadtgebiet gezielt verteilt wurden. Außerdem haben wir einen Telefondienst zur Kontaktaufnahme eingerichtet. Da ich diesen Dienst augenblicklich noch alleine versehe, bin ich manchmal ganz erledigt. Die Gespräche dauern oft eine Stunde und mehr, aber ich bin jedesmal dankbar, wenn die Eltern reden. Wir können zwar nicht immer Lösungen anbieten, aber ein intensives Gespräch bringt meist schon eine Erleichterung. Jeden Tag kommen neue Anrufe, es ist wie eine Explosion. Höchste Zeit, etwas für die Eltern, mit den Eltern, zu tun.

IV. Gelassenheit

Wir möchten sie so gerne zeigen. Wir wissen, daß nichts im Umgang mit dem Drogenkonsumenten so wirksam ist wie Gelassenheit. Ja, er selbst preist sie als erstrebenswerteste Eigenschaft, er nennt es »cool sein«. Doch wie schwer ist das, wenn Gefühle, wenn liebende Angst uns beherrschen. Immer wieder versucht man, vernünftig zu sein, nimmt sich vor, so und nicht anders zu reagieren. Aber wenn dann das eigene Kind, dieser geliebte, von der ersten Lebensstunde an so nahe, uns bis dahin so vertraute Mensch einem völlig fremd gegenübersteht, viel weiter weg als je ein Fremder, vielleicht sogar voller Haß und Abwehr – dann bricht jeder Vorsatz wieder zusammen. Von Angst und Entsetzen blockiert, sind wir ihnen immer wieder ausgeliefert, lassen wir uns quälen, bis kalte Wut und reiner Selbsterhaltungstrieb in uns aufbegehren.

Es ist, glaube ich, für Unbeteiligte gar nicht vorstellbar, was sich in Familien mit Suchtkranken abspielt. Leicht wird da mit Schlagworten wie: »Pack schlägt sich, Pack verträgt sich« eine Situation verurteilt, in der es in Wahrheit ums nackte seelische Überleben geht. Es dauert lange, bis Eltern im Kreis der Schicksalsgenossen, wenn überhaupt, von diesen Tiefpunkten ihrer Familie, von diesen Alptraumerlebnissen, die sie bei sich nie für möglich gehalten hätten, berichten. Fast alle haben wir sie durchstehen müssen, und sie haben uns ganz tief innen schwer verletzt, haben verdrängte Angst vor uns selber und Angst vor dem Suchtkranken hinterlassen.

Gelassenheit?

Wir erkennen in ihr immer deutlicher die wesentlichste Bedingung für den Ausweg aus unserem familiären Niedergang. Erst durch sie finden wir aus dem Reagieren zum Agieren und nehmen dem Suchtkranken das Gesetz des Handelns wieder aus der Hand. Unsere drogenkonsumierenden Kinder können ganz offensichtlich ihr Verhalten nicht ändern, sie können es nicht einmal wollen! Die tiefe Wahrheit des Satzes: »Man kann einen anderen Menschen nicht ändern, aber wenn man sich selber ändert, wird man neue Antworten bekommen«, weist uns den Weg. Doch zuerst müssen wir verstehen lernen, brauchen wir den Einblick in das Suchtgeschehen, in seine Gesetzmäßigkeiten, seine Zwänge und seine Arten, sich zu äußern.

Die allgemein erreichbare Information über Drogen und ihre Wirkungen, die sogenannten authentischen Berichte, die halbliterarischen und ideologischen Beschreibungen, all die mehr oder weniger wissenschaftlichen Sachinformationen, Statistiken und Konzeptionen für Behandlungen helfen uns allerdings wenig.

Sie geben keine Antwort auf Fragen wie diese:

»Wie haben Sie sich damals als Mutter verhalten? Was hat Ihrem Sohn wirklich geholfen? Mein Mann und ich sind zu allen Opfern bereit.«

Ein verzweifelter Vater sucht konkrete Antworten, wenn er schreibt:

»Wir wissen nicht mehr weiter, und kein noch so gutes Buch über dieses Thema gibt Hilfe. Liebe hat das Mädchen auch heute noch, aber weiß sie es? Irgendwie muß sie doch den Untergang ihrer selbst und von uns allen sehen. Oder kann sie das nicht mehr? Es ist doch sinnlos, daß meine Frau und ich in einem Anklage-Schuld-Verhältnis leben. Es platzen nur alle Komplexe in mir hoch, das Schuldgefühl wird so groß und mächtig, daß ich keine Richtung mehr weiß.

Meine Frau und ich haben unseren Kompaß verloren.

Können Sie uns vielleicht helfen? Ich weiß, konkret sagen, dies und jenes ist nun zu tun, dann renkt sich alles ein, das können Sie nicht. Doch Hinweise, Impulse könnten von Ihnen kommen, ein Weg könnte sich zeigen für einen Lichtblick, denn trotz aller Misere weigern wir uns noch, unser Mädchen als vollständig verloren zu betrachten.

Für eine Antwort, einen Rat, für irgend etwas, das uns und unser Mädchen aus dem teuflischen Drogenkreis herausführen könnte, wären wir Ihnen sehr dankbar.«

Oder eine Mutter, die schon den ersten Schritt getan hat:

»Ich hoffe, es gelingt mir, Ihnen etwas zu erklären, das damals in mir vorging: Ich hörte Ihnen zu und der Diskussion, nahm selbst an der Diskussion teil und wurde dabei immer ruhiger bei allem Engagement, etwas zu finden, das uns allen weiterhelfen würde. Ich meine, ich gewann Abstand zu unserem Problem, übersah die Zwangslage, in der wir betroffenen Eltern alle sind, und sah ein, daß wir es als unser Schicksal zunächst einmal annehmen müssen, daß unsere Kinder diesen Weg gehen wollen.

Diese panische Abwehrhaltung in mir zerbrach und machte einem besseren Gefühl Platz. Seither kann ich auch wieder fröhlich sein. Ich spürte nämlich etwas, das mir im Grunde wohlvertraut war: den Trost und die gute Gewißheit, daß unsere Trübsal doch ein gutes Ende haben wird, daß doch ein Sinn in dem allen verborgen liegt, und diesen Trost und diese Gewißheit kann Gott allein geben.

Ich hörte weiter intensiv zu, nahm teil, während ich mir etwas sagte: Diese Leute hier haben alle dasselbe Problem, leiden alle unsagbar, wir haben das gleiche Kreuz zu tragen. Ich mag diese Menschen, ich finde ihren Mut bewundernswert und den Willen, für ihre Kinder und die Kinder anderer Leute zu kämpfen.«

Die »Fachwelt« hat auf die Frage der Eltern, »was können *wir* tun«, wenig Antworten. Die erschreckendste allerdings ist die: »Lieber gar nichts, laß uns das mal machen, ehe ihr noch mehr verbockt.«

Was Eltern brauchen, sind weder Rezepte oder Patentlösungen noch Stellvertreter. Sie suchen nach *Hilfen zur Selbsthilfe,* wollen die Kräfte und Möglichkeiten der Familie in die Hilfe für ihr Kind einbringen. Der Drogenkonsument ist kein Retortenkind, er hat nicht nur Familie, er *ist* – weil er Mensch ist – Teil einer Familie; Teil eines gewachsenen Systems! Wann erkennt und anerkennt man auch hier wieder das Natürliche?

Wir gingen also auf Suche nach Informationen, die uns wirklich helfen konnten. Daß wir dabei von ganz anderen Voraussetzungen als alle anderen mit dem Drogenproblem Befaßten ausgingen, ergab sich aus unserem direkten Erleben. Für uns entstanden Fragen aus Erfahrungen, aus der Beobachtung von Verläufen, Beziehungen, Entwicklungen, aus konkreten Alltagserlebnissen. Wir hatten Einblick in die Szene, lebten ja auch mit jungen Konsumenten *und* Nichtkonsumenten zusammen. Erlebnisse mit dem Horror, der Angst unserer Kinder, mit ihrer Euphorie, ihrem missionarischen Eifer, ihrem schulischen, geistigen und sozialen Niedergang beschäftigten uns ebenso wie ihre Verkennung der eigenen Situation, der Realität und des sogenannten Freundeskreises. Aus der Berührung mit dem Dealer, dem Dealen, den direkten und den raffinierteren indirekten Verführern, aus dem erlebten Versagen von vermeintlichen Helfern und dem Erlebnis von Hilfe, wo wir keine erwartet hatten, entstand unsere Suche. Hinzu kommt, daß wir ja aus allen Berufsbereichen kamen, d. h. ein breites, wenn auch nicht drogenbezogenes Fachwissen einbrachten. Es war also keineswegs nötig, mit uns »schöön langsam« zu reden, weil wir ja Laien sind. Wir sind doch nicht Laien im Denken!

Gerade aus der Vielfalt unserer Berufe heraus fanden wir Antworten nicht nur bei den einschlägigen Wissenschaften, sondern waren offen für die Forschung in allen uns zugänglichen Bereichen. Wir wollten Erklärungen für *Erlebtes* und nicht Bestätigung von wissenschaftlichen Hypothesen.

Zuerst einmal interessierte uns das Grundlagenwissen über menschliche Entwicklungsbedingungen. Die Suche nach Zusammenhängen und nach Wechselbeziehungen führte zu den Regelwissenschaften, der Kybernetik. Sie wiederum wies den Weg in die neueste Hirnbiologie und die Lehren von biologischen Systemen, von Umwelt- und Innenweltforschung. Die Wirtschaftler unter uns hatten uns inzwischen auch den Blick geöffnet für die wirtschaftliche Seite des Drogenproblems mit seinen der modernen Marktwirtschaft angepaßten, sie ausnutzenden und mißbrauchenden Mechanismen. All das, in nebenberuflicher, freiwilliger Arbeit gesammelt, in privatem Briefverkehr mit Forschungszentren und Wissenschaftlern in aller Welt zusammengetragen, gab uns endlich wirkliche Hilfen; führte zu Erkenntnissen, die uns verstehen ließen und die uns schließlich befähigten, Gelassenheit aus dem so entstandenen »Durchblick«* zu gewinnen.

Hatten wir vorher alle Welt angeschrieben, um deren Kenntnisse und Ergebnisse zu erhalten, so versuchten wir nun, unsere – wie uns heute noch scheint – wichtigen Erfahrungen und Einsichten vor allem in die in ganz andere Wissenschaftsbereiche greifenden Zusammenhänge weiterzuvermitteln. Die Erforschung der Drogenproblematik durch Befragungen und Untersuchungen von Konsumenten war und ist immer noch die einzige, sicher aber nicht die richtige Methode. Kaum einer erkannte bisher, was bei den betroffenen Familien zu holen ist. Die Suche nach »der Ursache« verschlang unsinnige Jahre und Millionen.

Ein Beispiel mag aufzeigen, wie es betroffenen, aktiven Eltern mit der Bitte, als Mitarbeiter bei der Lösung des Drogenproblems angenommen zu werden, ergehen kann:

* So lautet denn auch der Titel meines Büchleins, in dem diese Erkenntnisse zusammengefaßt sind, siehe Literaturverzeichnis. S. 151

»Sehr geehrter Heiliger Vater,

im Osservatore Romano vom 2. Februar 1983 lasen wir Ihre Ansprache an Vertreter der im Drogenproblem Arbeitenden. Ihre tiefe Einsicht in die Vielschichtigkeit der Hintergründe jugendlichen Drogenmißbrauches, aber auch ihre Forderung nach einer Vorbeugung, die die Wurzeln des Übels angeht, haben uns Mut gemacht, direkt an Sie zu schreiben.

Wir sind ein Kreis betroffener Eltern, die sich in Auflehnung gegen das eigene, passive Leiden, gegen die Hilf- und Ratlosigkeit aller öffentlichen und leider auch kirchlichen Stellen, zur aktiven Problembewältigung in gegenseitiger Hilfe zusammenschlossen...

Wir Eltern sind im Drogenproblem kollektiv schuldig gesprochen worden, weil wir in der Erziehung versagt und Fehler über Fehler gemacht haben und noch machen. Aber hat uns einer die Chance gegeben, es besser zu wissen, es richtiger zu erlernen und uns gegen all' das pseudoprogressive Besserwissen zu behaupten?

Hier erbitten wir Ihre Hilfe, hier kann sie Prophylaxe, Heilungschance und Grundlage zu einer sicheren Zukunft werden.

Helfen Sie den Eltern, wieder ein unserer Realität entsprechendes Lebens- und Erziehungskonzept aufzubauen, gegen kommerzielle Interessen zu verteidigen und sich gegenseitig dabei zu stützen.

Helfen Sie ihnen, im Christentum die Geborgenheit wiederzufinden, die sie brauchen, um ihren Kindern Geborgenheit und Sicherheit zu vermitteln.

Helfen Sie der Familie, sich wieder als lebendige Lebensgemeinschaft zu empfinden und ein solches Selbstbewußtsein auf christlichem Selbstverständnis aufzubauen.

Geben Sie einen Anstoß dazu in einem ›Jahr der Familie‹!

Es hoffen auf Sie mit Zuversicht
die Mitglieder der deutschen Elternkreise
drogengefährdeter und drogenabhängiger
Jugendlicher.«

Darauf die Antwort über das Erzbistum Köln:

»Vom Staatssekretariat aus dem Vatikan erhalten wir Ihr Schreiben, das Sie am 13. März d. J. an den Hl. Vater richteten. Uns wird mitgeteilt, daß der Hl. Vater Ihren Brief empfangen hat. Gleichzeitig werden wir gebeten, Ihnen darauf zu antworten.

Sicherlich werden Sie Verständnis haben, daß es dem Hl. Vater und seinen Mitarbeitern beim besten Willen unmöglich ist, auf die außerordentlich umfangreichen Zuschriften einzugehen. Sie bitten den Hl. Vater, Ihnen in Ihren Bemühungen um die Bewältigung des Drogenproblems zu helfen. Dabei machen Sie den Vorschlag, daß er ein ›Jahr der Familie‹ proklamiert, damit die Familie – wie Sie schreiben – sich wieder als lebendige Lebensgemeinschaft empfindet und sich auf christlichem Selbstverständnis aufbaut.

Wir stimmen diesem Ihrem Gedankengang zu und teilen auch Ihre Auffassung über die Notwendigkeit, daß unsere Familien im Christentum wieder ein hohes Maß von Geborgenheit finden, um damit auch ihren Kindern Geborgenheit und Sicherheit schenken zu können.

Es braucht wohl nicht eigens betont zu werden, daß es zu den wesentlichen Anliegen unserer Seelsorger gehört, sich um die Gestaltung christlicher Familien ernsthaft zu bemühen. Auf diesem Gebiet hat der ›Familienbund deutscher Katholiken‹, der in jeder Diözese sehr aktiv ist, in den vergangenen Jahren Beachtliches geleistet. Der Geistliche Beirat dieser Organisation in unserer Erzdiözese ist Herr Pater Edelbert Rüber S.J.

Der Familienbildung dient übrigens u. a. in unserem Erzbistum auch die monatliche Familienbeilage der Kirchenzeitung.

Bei dieser Gelegenheit möchten wir Ihnen unseren besten Dank aussprechen für Ihren unermüdlichen und selbstlosen Einsatz im Interesse unserer drogengefährdeten und drogenabhängigen Jugendlichen.«

Obwohl also entsprechend »Zuständige« da waren, bei denen das Problem in »besten Händen« war und »Familienbund« sowie »Familienbildung« als geeignete Foren genannt wurden, haben diese *nie* Kontakt mit uns aufgenommen oder sich mit der betroffenen Familie befaßt!

Die Teilnahme an der Dechantenkonferenz des Bistums Köln war ein zweiter Versuch in die gleiche Richtung.

Auszüge aus dem Protokoll:

»Frau Meyer betonte, daß wir als wirksame Prophylaxe unseren Heranwachsenden die Notwendigkeit und das Positive von Schwierigkeiten und Auseinandersetzungen in der Zeit der Persönlichkeitswerdung aufzeigen müssen; bewußte Ich-Findung statt Flucht! Unsere Jugend werde weniger durch das

›broken home‹ an die Droge gebracht, aber durch diese Diffamierung des Elternhauses werde wertvolles Hilfspotential lahmgelegt: Fachleute können von hoffnungslos Verlorenen sprechen, *Eltern und Priester nie!* Sie müssen den Kranken, den ›Kaputten‹ halten. Dazu sei es notwendig, Priester und Eltern durch Information und Wissen erst fähig zu machen für diese Aufgaben.«

Nichts geschah!

Wir schrieben an Ministerien, an den Bundespräsidenten, wandten uns an Abgeordnete und an die zuständigen Behörden.

»Sehr geehrte Frau Minister Huber,

wie uns berichtet wird, bedauerten Sie in Ihrem Grußwort auf der Fachtagung der DHS in Stuttgart den Mangel an originellen Konzeptionen in der präventiven Arbeit gegen die Suchtgefahren.

Es gibt solche Programme! Wenn sie jedoch von Privatinitiativen – und sei es auch aus 10jähriger Erfahrung und auch mit entsprechendem Wissen – entwickelt wurden, so ist hierzulande kaum eine Chance, sie einzubringen. Gegen die Schwerfälligkeit und das oft unsinnige Konkurrenzdenken von Behörden und Verbänden anzukommen, ganz zu schweigen von den finanziellen Problemen, ist für Menschen, die nur ehrenamtlich und nebenberuflich im Suchtproblem arbeiten, einfach zermürbend.

Das Präventionsprogramm des Bonner Elternkreises ist aus der speziellen Kenntnis der Einstiegsphasen, aus enger Zusammenarbeit von Pädagogen und Eltern, aus dem Einblick in den Familien-, Schul- und Drogenalltag, aber auch aus dem Wissen heraus entstanden, daß Prävention weder begrenzt sein darf auf Spezialgebiete, noch darin bestehen kann, nur aufzuzeigen, was krank macht.

Das Programm ist in vielen Schulen erprobt. Es führt zu kontinuierlicher, konzentrierter und erzieherisch integrierter Vorbeugungsarbeit durch die dafür zuständigen Fachleute – die Pädagogen. Aber es konnte z. B. in Stuttgart nicht vorgestellt werden und wird auch von Behörden, wie der Bundeszentrale für gesundheitliche Aufklärung, gar nicht erst wahrgenommen. Wie sollen also originelle Programme sichtbar, wie sollen sie diskutabel oder gar vergleichsfähig werden?

Der Mitarbeit des Bürgers stehen trotz aller anders lautenden Reden immer noch zu viele Widerstände entgegen.«

Nicht einmal eine Antwort aus dem Ministerium!

»An die Drogenbeauftragten der Länder.

Familie – betroffen von Sucht und ›Hilfe‹

Sehr geehrte Damen und Herren,

seit vielen Jahren arbeiten sachkundig gewordene Eltern von drogengefährdeten und drogenabhängigen Jugendlichen in Selbsthilfegruppen, sowie in Prophylaxe, Beratung, Therapie und Nachsorge. Aus ihren besonderen Erfahrungen haben diese Elternkreise wesentliche Erkenntnisse über die Mitbehandlung, Schulung, Veränderungsfähigkeit und schließlich die partnerschaftliche Mitarbeit betroffener Familien gewonnen.

Mangelnder Informationsfluß, Vorurteile, Kompetenzaufsplitterung und unsinniges Konkurrenzdenken verhinderten jedoch, daß diese für den Aufbau einer Familientherapie unverzichtbaren Aspekte überhaupt wahrgenommen, geschweige denn in die Behandlungskonzepte eingebracht werden konnten. Man hat sich nämlich im Bereich der Suchtproblematik – vor allem der Suchterkrankung Jugendlicher – bisher fast ausschließlich mit der Bedeutung der Familie für die *Entstehung* der Sucht befaßt. Um eine mögliche Rolle der Familie bei der *Überwindung* der Sucht hat man sich dagegen kaum gekümmert.

Dabei wäre es sinnvoll und logisch gewesen, wenn man die Erkenntnisse von der Unverzichtbarkeit der Familie in der Sozialisation und Entwicklung des Menschen übertragen hätte in den Bereich der Suchtbehandlung Jugendlicher. Auch hier geht es um (nachzuholende) Entwicklung und Neusozialisation von jungen und immer jüngeren Menschen.

Statt dessen hat man eigentlich alles getan, den jugendlichen Drogenkranken von seiner Familie zu isolieren. Man therapiert ihn (im Regelfall) in homogenen Gruppen von Gleichgeschädigten, überführt ihn dann in familienfremde Wohngemeinschaften und entläßt ihn schließlich in bindungslose ›Freiheit‹ oder in die unverändert krank gebliebene Familie.

Immer deutlicher zeigen sich die katastrophalen Folgen unvermeidlicher Betreuungsabbrüche – die Fluktuation der Mitarbeiter in Beratung und Therapie ist überaus groß –; immer klarer wird das Fehlen personaler Bindung, tragfähiger Zuwendung und nicht zuletzt der Lebenserfahrung Älterer in diesen therapeutischen Gruppen. Die unverändert hohen Rückfallquoten sind daher keineswegs nur Anzeichen für schlechte Therapierbarkeit der Drogenkrankheit, sondern auch Hinweis auf fehlerhafte, nicht ausreichende oder unwirksame Therapiemethoden.

Katamnestische Untersuchungen von Prof. Bschor und Prof. Kielholz beweisen, daß der aufrechterhaltene Kontakt zur Familie und zu Freunden aus der Vordrogenzeit eine der Bedingungen zu wirklicher Gesundung war. Ausländische Fachleute – wie Prof. Hudolin – nennen es einen Kunstfehler, suchtkranke Jugendliche ohne Einbeziehung der Familie zu behandeln.

Die Erfahrungen der Elternkreise zeigen aber wirksame und praktizierbare Möglichkeiten der Zusammenarbeit mit betroffenen Familien auf. Wir appellieren daher an Sie:

Bitte helfen Sie, die Vorurteile abzubauen, falschen und engen Lehrmeinungen entgegenzutreten, damit alle Erfahrungen und Erkenntnisse eingebracht werden können, die zu effektiver Hilfe führen.

Lassen Sie betroffene Familien nicht länger im Abseits stehen; tragen Sie dazu bei, daß sie nicht länger als Objekt betrachtet werden oder gar als Schuldige. Helfen Sie, daß man auf Kongressen, Tagungen und Seminaren *aller* Art *mit* ihr, statt wie bisher nur *über* sie spricht.

Eine große Anzahl von betroffenen Eltern kann zu einer großen Zahl von denkbar gut motivierten Helfern werden. Sie können Betreuungsabbrüche durch ihr Durchhaltevermögen im eigenen Fall auffangen und die Nachbetreuung sichern, aber nur, wenn Ihnen durch Schulung Hilfe zur Selbsthilfe gegeben wird.

Glauben Sie, daß man noch länger auf solche Hilfe verzichten kann?«

Wir mußten froh sein, überhaupt Antworten zu bekommen. Reaktionen oder gar ein Eingehen auf unsere konkreten Vorschläge erreichten wir nicht.

Wir hatten so gerne Großes tun wollen und trafen uns selber wieder da, wo Eugen Roth mit spitzer Feder aufzeigt:

»Ein Mensch, gestellt vor große Probe,
besteht sie, und mit großem Lobe,
doch siehe es versagt der Gleiche,
wird er gestellt auf eine ›weiche‹.«

Im Alltag unserer eigenen Familie, im Miteinander mit unseren drogenkranken Kindern galt und gilt es vor allem, das erworbene Wissen, die Erkenntnisse und Einsichten ganz konkret umzusetzen.

Im Kreis der betroffenen Eltern werden sie gerne angenommen und weitergegeben, wird ihr Wert erkennbar und ihre Wirksamkeit erfahrbar.

Aber wie sieht sie denn aus, diese Arbeit an uns selbst? Unsere Selbstveränderung?

V. Die zehn Gebote für betroffene Eltern

In Zusammenarbeit der Elternkreise entstand ein Brief an Eltern und Angehörige, der die grundsätzlichen Erkenntnisse unserer Selbsthilfegruppen vermittelt:

»Liebe Eltern und Angehörige,

wir wissen, wie beunruhigend und beängstigend für Sie die Erkenntnis ist, ein drogenabhängiges Familienmitglied zu haben, dem Sie um jeden Preis helfen möchten – wir alle haben es erlebt. Darum möchten wir Ihnen unseren Vorsprung an Erfahrungen im Bereich der Drogenproblematik im Interesse der gefährdeten Jugendlichen gerne mitteilen. Vor allem scheint es uns wichtig, Sie auf einige wesentliche Punkte hinzuweisen, die Sie in Ihre Überlegungen und in Ihr zukünftiges Handeln einbeziehen sollten.

Die Suchterkrankung unterscheidet sich von anderen Krankheiten deutlich dadurch, daß der Patient seinen bedrohlichen Zustand hartnäckig vor sich selber leugnet. Sein Realitätsverlust macht ihm eben auch eine echte Selbstbeurteilung unmöglich. Eine Therapie ist aber angewiesen auf die aktive Mithilfe des Abhängigen, nur so kann sie überhaupt Erfolg haben. Also muß der Suchtkranke erst einmal lernen, die Schwere seiner Abhängigkeit voll zu erkennen, um unter dem Druck der Ausweglosigkeit seiner Situation Therapiebereitschaft zu entwickeln.

Hier muß und kann die Hilfe der Angehörigen ansetzen, aber wir wissen auch, welch schwieriges Umdenken es gerade von Eltern erfordert, die gewohnte Haltung des Bewahrens und Abwendens von Schaden aufzugeben. Und doch möchten wir als Eltern drogenabhängiger Jugendlicher Ihnen raten, diesem Weg zu vertrauen, den wir gegangen sind, auf dem wir uns gegenseitig gestärkt und gemeinsam unser Verhalten kontrolliert haben. Unser eigenes Leben hat gerade in seiner entschiedenen Abgrenzung zur erstarrten Lebensform des Drogenabhängigen an Sicherheit gewonnen und es uns erleichtert zu erkennen, wo wir uns in der Vergangenheit nur zum Gehilfen der Sucht gemacht haben, oft gerade dann, wenn wir glaubten zu helfen. Nicht zuletzt finden wir uns bestätigt durch das positive Urteil der drogenfrei gewordenen und gebliebenen Jugendlichen aus unserem Kreis.

Bitte, durchdenken Sie folgende Punkte noch einmal und versuchen Sie, danach zu handeln:

1. Befreien Sie sich von dem Gedanken, Sie könnten den Abhängigen zur Einsicht zwingen. Er lebt in einer anderen, in ›seiner‹ Realität.
2. Stellen Sie darum Ihre Realität so ruhig und so sicher wie möglich *neben* die seine. »Du magst das so sehen, so empfinden, *wir* sehen das anders.«
3. Verschwenden Sie keine Zeit darauf, nach Hinweisen und Spuren möglichen Drogenkonsums zu suchen.
4. Üben Sie innerhalb der ganzen Familie in diesen Punkten einheitliches und konsequentes Verhalten und unterlassen Sie es, sich für dieses Verhalten gegenüber dem Abhängigen zu rechtfertigen.
5. Nehmen Sie dem Abhängigen nicht das geringste ab zur Lebensbewältigung, was er eigentlich selbst tun könnte.
6. Wenden Sie sich dagegen wieder mehr Ihren eigenen Interessen und denen der übrigen Familie zu. Es wird dem Anhängigen schmerzhaft deutlich machen, wie sehr die Droge ihn isoliert.
7. Sprechen Sie in seinem Beisein miteinander über Ihre Erlebnisse, Erkenntnisse, Empfindungen, über Freuden oder auch Schwierigkeiten, wenn nicht mit ihm, so doch wenn er dabei ist; er hört mehr, als er zugibt.
8. Stellen Sie seinem Konsum von künstlichen »Erlebnissen« Ihr wirkliches Erleben, seiner konsumierten »Kommunikation« echte Gemeinschaft gegenüber, statt darüber zu disputieren.
9. Verweilen Sie nicht mit Ihren Gedanken in der Vergangenheit oder Zukunft, sondern gehen Sie mutig den heutigen Tag an.
10. Bewahren Sie Geduld, üben Sie sich in Gelassenheit und verlieren Sie nicht die Hoffnung.

Weil wir aus eigener Erfahrung wissen, wie schwer dieser Weg ist, bieten wir Ihnen das befreiende und klärende Gespräch in unserer Gemeinschaft, unsere Hilfe zur Selbsthilfe an.«

Es ist vielleicht gut, die einzelnen Punkte im folgenden etwas ausführlicher zu interpretieren.

Zum 1. Gebot:

Befreien Sie sich von dem Gedanken, Sie könnten den Abhängigen zur Einsicht zwingen. Er lebt in einer anderen, in ›seiner‹ Realität.

»*Alle* psychotropen Drogen, *alle* auf das Zentralnervensystem wirkenden Drogen greifen in die Hirnfunktion ein. Wie schwer oder wie gering die Schädigung des Körpers auch sein mag: Die Veränderung und Beeinflussung der Selbstprogrammierung sind beim jungen Menschen oft die schwersten Folgen.

Es ist darum auch nicht erst dann an der Zeit, aufzuhören, einzugreifen und zu helfen, wenn der Drogenkonsum spürbare oder sichtbare Schädigungen hervorgerufen hat. Ein marokkanisches Sprichwort sagt: ›Der Kiffer ist schon süchtig, wenn er das erste Mal kifft.‹

In dem Moment, in dem Drogen im Hirn die Einordnung und Auswertung der Realität mitbestimmen, bestimmen sie auch den Willen und die Beurteilung der Frage, ob man weitermachen oder aufhören soll. Drogenkrank sein heißt nämlich nicht in erster Linie, eine kaputte Leber haben, ein kaputter Typ sein. Drogenkrank heißt vor allem, *nicht mehr natürlich und sinngemäß erkennen und wollen können!*

Wann das beginnt? Wenn der Drogenkonsum beginnt!

Natürlich ist die Durchschlagskraft der Drogen nicht immer gleich. Erstens sind die Drogen unterschiedlich stark, zweitens kann man sie sehr verschieden dosieren, drittens gibt es wesentliche Differenzen in der Ausprägung und Stabilität der einzelnen Persönlichkeiten. Auch das Einstiegsalter schafft schon erheblich andere Voraussetzungen durch die individuelle Menge an realitätsbewältigenden Automatiken; ganz abgesehen von der jeweiligen Intelligenz und der Gesundheit des Körpers.

Eines ist jedoch bei allen gleich: Der Konsument selbst merkt es nicht, *kann* es nicht mehr merken, wenn es soweit ist. Die Schädigung und Verschiebung der Realitätserkenntnis ist *immer* größer und weiter fortgeschritten als alle anderen Drogenschäden. Wenn dann die Sinne Alarm schlagen, ist es oft schon fast zu spät.

Es ist eben das wesentlichste Merkmal der Drogenkrankheit, daß der Kranke selbst seinen Zustand, seine Fehlentwicklung und die Verschiebung in seinen Erkenntnissen nicht bemerken *kann!* Er empfindet das Ergebnis seines Wahrnehmungs- und Denkprozesses, seine Erkenntnis selbst als *richtig.* Wenn die daraus entwickelte Situationsbeurteilung, das davon bestimmte Verhalten und die darauf aufgebaute Aktion nicht den erwarteten positiven Erfolg haben, ist er frustriert.

So sagt er auch z. B. die aus seinem Denkvermögen entstandene Wahrheit. Er selbst glaubt, wahrhaftig zu sein und will die Wahrheit sagen. Seine Umwelt erlebt aber – da es nur seine eigene Wahrheit ist – objektiv gesehen Unwahrheiten und Lügen. Gerade die, die ihn lieben, werden davon erschüttert und abgestoßen. Man nennt ihn Lügner, fühlt sich von ihm hintergangen, betrogen und überhäuft ihn mit Vorwürfen, die er nicht versteht. Er selbst fühlt sich völlig ungerecht behandelt, mißverstanden, überfordert, verkannt und zunehmend in dieser Gemeinschaft alles andere als geborgen.

Seine Umwelt und alle ihm nahestehenden Menschen, die Forderungen und Erwartungen an ihn stellen, scheinen ihm immer feindlicher. Um so stärker wird er angezogen vom Kreis der Drogenkonsumenten. Dort stimmen seine ›Erkenntnisse‹. Keiner stellt unverständliche Anforderungen an ihn. Keiner verlangt mehr, als ihm ›einsichtig‹ ist. Hier fühlt er sich angenommen und geborgen. Aus Familie, Ausbildung, Sportverein, Musikunterricht und Jugendgruppe schert er aus. Alles, was drogenfrei ist, wird zu ›ihr‹, alles, was Konsument ist, zu ›wir‹. Dort die Welt der ›Scheißspießer‹, hier die besseren, weil verständlichen und verstehenden ›Leute‹.«*

Es ist für die Familie eines Drogenkonsumenten sehr wichtig, etwas von diesen Drogenwirkungen zu verstehen. Nur so ist es uns möglich, das, was unser Konsument sagt, tut und will, das, was er von uns erwartet, fordert und zu erzwingen sucht, seine Ansichten und seine Fremdheit, seine ganze so beängstigende Veränderung erst einmal zu ertragen, ohne sie zu akzeptieren. Wir können uns gar nicht deutlich genug klarmachen, daß Drogenkrankheit sich eben durch falsches Verhalten, durch unsinnige Denkergebnisse, durch sinnlose Gefühle äußert.

Wenn dasselbe Kind einen schweren, häßlichen Ausschlag hätte, alles unter sich gehen ließe oder sonstige, entsprechend widerliche Krankheitssymptome zeigte, unsere Liebe wäre doch auch stark genug, das zu ertragen, ja, gerade deswegen Hilfe zu leisten.

Ich habe mir immer und immer wieder vor Augen geführt: »Er will mich gar nicht betrügen, er haßt mich nicht wirklich. Er

* Auszug aus »Durchblick«, siehe Literaturverzeichnis, S. 151

ist nicht mehr Herr seiner Sinne, wie kann er dann noch Herr seiner selbst, seiner Worte und Gefühle sein?«

Ich habe mir schreckliche, häßliche, ekelerregende Krankheitsbilder vorgestellt und das haßverzerrte Gesicht meines Jungen, die Gemeinheit, mit der er uns bestahl, die Verlogenheit, mit der er uns verleumdete oder betrog, seine Provokationen und seine Halsstarrigkeit, seine Verweigerung und Uneinsichtigkeit daneben gestellt. Ich habe mir immer wieder gesagt: »Das ist dasselbe«, *es ist die Erscheinungsform dieser Krankheit!*

Ganz langsam übten wir uns darin ein, uns nicht mehr angegriffen, belogen, betrogen und enttäuscht zu fühlen. Immer häufiger gelang es uns zu begreifen, daß er weder einsehen noch anders wollen konnte. Mit wachsender Gelassenheit wuchs auch unser Vermögen, ihm entgegenzugehen, ihn zu ertragen und ins Gespräch zu kommen durch Verständnis. »Ich weiß, daß du vielleicht gar nicht anders kannst.« – »Wir können uns sogar vorstellen, wie du dich fühlst.« – »Wir wissen, daß du das jetzt so siehst« u. a. m. Unser: »Aber sieh mal, wir sehen das ganz anders« oder »Weißt du, für uns ergibt sich daraus eine ganz andere Erkenntnis«, oder »Du erlebst dich jetzt so, aber sieh auch mal, daß wir dich ganz anders erleben, nämlich ...« erreichte ihn eher.

Zum 2. Gebot:

> Stellen Sie darum Ihre Realität so ruhig und so sicher wie möglich *neben* die seine. »Du magst das so sehen, so empfinden, *wir* sehen das anders.«

Die durch Drogenkonsum veränderte Wahrnehmung und Wahrnehmungsverarbeitung, die zunehmende Fixierung auf Auchkonsumenten und die vom Drogenmarkt ja mitgelieferte, ideologisch überbaute, lustorientierte Lebenseinstellung gaukeln unseren Drogenkindern ein in sich sehr stimmiges Bild ihres momentanen Daseins vor. Lustgefühle sind jederzeit in jeder gewünschten Stärke konsumierbar. Das Gemeinschaftsgefühl durch gemeinsamen Konsum, entsprechende Riten sowie drogenbedingte Anspruchslosigkeit aneinander ist perfekt. Mode und Subkultur sorgen für ein hohes Image der »Aussteiger«, der kaputten Typen. Gesundheit, Lebenstüchtigkeit, Leistung, Sauberkeit, Zuverlässigkeit, Zielstrebigkeit, Familiengefühl und Liebe zu den Eltern sind eher zu Untugenden erklärt worden, und der intellektuelle Pessimismus sonnt sich in Zukunftsangst und Zukunftslosigkeit.

Vergessen wir also Argumentationen wie: »Nur wer was leistet, kann sich was leisten« oder »... wenn du ein ordentlicher Mensch werden willst«. Er will nicht! Lassen wir all das »du mußt« und »du sollst« lieber gleich weg. Es sind Reizworte, die alle vielleicht noch geöffneten Türen zuschlagen lassen. Dieser »seelische Ausschlag« ist nicht mit »Kaltwassergüssen« zu behandeln. Ihn wirksam zu bekämpfen ist nur mit gleichmäßiger Wärme, mit Ausdauer und mit bewußter »Dosierung« möglich. Es wird uns, wenn wir unsere Drogenkinder beobachten, nicht schwer fallen, negative Veränderungen festzustellen, die eigentlich auch für sie selbst nicht wünschenswert sind: daß sie käsig bleich sind, ihre Haare stumpf, unansehnlich werden, ihre Nase – sie schnuffen fast dauernd – rot ist, ihre früher so schönen Augen wässrig verschwimmen, ihre Handschrift unpersönlich in Einzelbuchstaben zerfällt, ihre Vergeßlichkeit hinderlicher für sie wird. Ihre Empfindsamkeit scheint geringer, ihre Bewegungen sind unharmonisch, ja eckig, und ihre Interessen werden weniger. Ihre Sprache wird zunehmend, sogar klanglich, monotoner und ärmer, mit großen Wortfindungsschwierigkeiten, ihre Gefühlsäußerungen scheinen zusammenhanglos, ihre Mimik und Gestik erlahmt. Ihre ganze Persönlichkeit verliert an Besonderheit, an Ausstrahlung. Ihre Kreativität läßt nach, ebenso die Musikalität. Das hat nichts mit der Intensität, mit der sie kreativ zu sein versuchen, sich kreativ fühlen und mit der sie z. B. musizieren, zu tun. Sehr oft ist aber zu beobachten, daß es ihnen z. B. immer schwerer fällt, die Gitarre, die Geige selbst zu stimmen, Melodienfolgen zu wiederholen, wirklich Neues zu gestalten, Geschöpftes zu behalten.

Wir waren von den Zeichnungen und Bildern unseres Sohnes in seiner »künstlerischen Phase« wirklich überrascht, ja, so von der darin zutage tretenden Begabung überzeugt, daß wir ihm halfen, auf eine Kunsthochschule zu gehen. Als er aufgenommen war, kamen aus seiner Clique drei weitere »Künstler« zu uns, gaben uns die Mappen mit ihren »Werken« und baten uns, ihnen behilflich zu sein, auch in eine entsprechende Ausbildung zu kommen. Es war erschütternd – ihre Bilder waren untereinander und mit denen unseres Sohnes identisch in Farben, Formen und sogar in der Strich- und Pinselführung!

Wenn wir damals schon gewußt hätten, was wir heute wissen, wir hätten anders reagiert. Wir hätten zwar seine künstlerische Begabung nicht angezweifelt, aber nicht gleich geholfen, sie zur Ausbildung zu machen. Um ihrer Erhaltung und ihrer Vertiefung willen hätten wir ihn auf alle Anzeichen der Einengung und der Stereotypie hingewiesen. Wir hätten versucht, die Bilder anderer Konsumenten und die von Nichtkonsumenten zum Vergleich zu ziehen. Wir hätten vielmehr darauf vertraut, daß er Formalitäten und Wege zur entsprechenden Ausbildung dann selber bewältigt hätte, wenn die Begabung stark genug wäre. So haben wir uns nur etwas vorgemacht. Er ist auf die Kunsthochschule gegangen und hat sie auch schon nach drei Wochen wieder verlassen, weil er »nicht malen durfte, wie und was ich wollte«!

»Durch Hasch ist mir meine künstlerische Begabung erst bewußt geworden, meine Kreativität ist durch Enthemmung und Selbstvertrauen zu größerer Ausdrucksfähigkeit gewachsen und durch die Rauscherlebnisse enorm bereichert.«*

Die Art dieser Selbsttäuschung ist am besten erklärbar am Erlebnis der Musik. Unter Drogen werden Geräusche, Töne, einfache Tonfolgen als musikalisches Erlebnis empfunden, die dem nicht chemisch manipulierten Gehör gar nichts sagen. Es ist also nicht die Musik oder das Musizieren, sondern das Erlebnis von ver- und entzerrten, schwingenden und nachhallenden Tönen – ein viel primitiverer Vorgang von der Hirnfunktion her gesehen. Die gleichzeitige Erregung der für gesteigerte Empfindsamkeit zuständigen Gehirnzellen macht, subjektiv gesehen, daraus erst ein musikalisches Erlebnis.

So ist es in allen künstlerischen Bereichen, die gesteigerte Kreativität wird nur von der Person selber so empfunden. Zu denken geben sollten auch die charakteristischen Formen und die Gleichartigkeit der von Drogenkonsumenten stammenden Zeichnungen und Bilder, die eher auf eine gestörte, individuelle Kreativität und mehr auf eine zwangsläufige, vom Stammhirn gesteuerte Gestaltung schließen lassen, wie es bei Schizophrenen ähnlich beobachtet wird.

Prof. Louris, New York: »Künstlerische Kreativität ist immer zu 20% Idee und Phantasie und zu 80% Arbeit und Ausdauer. Gerade letztere aber gehen durch den Drogenkonsum verloren.«

* Aus: »Haschisch – die unbekannte Droge?«, siehe Literaturverzeichnis, S. 151

Prof. Angst, Zürich: »Immer wieder ist die Meinung verbreitet worden, die künstlerische Produktivität, die Kreativität, könne mit Halluzinogenen erhöht werden. Für diese Behauptung bestehen weder klinisch noch experimentell irgendwelche Beweise. Während der Intoxikation (Vergiftung) kommt es zum Gestaltzerfall und Verlust der künstlerischen Leistungsfähigkeit; nach durchgemachter Vergiftung ist das Gestaltungsvermögen keineswegs besser als vor Genuß der Droge.«

»So, wie es nie gelingt, einen Schlafwandler zum Zirkusakrobaten zu machen, so nützt die lockere Hand nichts, wenn die Gedanken nicht mehr fähig sind, die Hand zu führen.«*

Ronald Steckel, Autor des Buches »Bewußtseinserweiternde Drogen«, viel zitierter Verfechter der sogenannten »weichen Drogen« Haschisch und LSD zu Beginn der deutschen Drogenwelle, schreibt heute in einem Aufsatz »Ende des Traums«**:

»Entscheidend aber ist die Einsicht, daß es sich hier nicht, wie es von den psychedelischen Erzvätern oft behauptet wurde, um eine Erfahrung des Geistigen handelt, sondern um ihre Vorspiegelung im sinnlich-physischen Bereich, ausgelöst durch chemisch bewirkte Neuronenekstase.«

Er hält die Drogenepidemie übrigens nur für die Spitze eines Eisberges in Anbetracht des allgemeinen Mißbrauchs von Schlafmitteln, Tranquilizern, Schmerz- und Weckdrogen. Alles das erscheint ihm: »– wie die Agonie eines falschen Bewußtseins, das sein Glück und sein Licht dort sucht, wo es sicher nicht zu finden ist: in den unerforschlichen Bereichen des sinnlichen Erlebens, in den Drogen, den Drogen der Meinungen, der Ideologien, der Massenmedien, des Konsums; in der Erregung und Ekstase, die das ratlose, von der Leblosigkeit und Unmenschlichkeit der oberflächlichen sozialen Strukturen angekränkelte Innere geräuschvoll übertönen und zudecken. Der Trug liegt hierbei auch in den falschen Erwartungen und Hoffnungen, in den unsinnigen Spekulationen derer, die die Drogen benutzen, und in der falschen Willensrichtung eines suchenden Bewußtseins, das im ekstatischen äußeren Tanz und in der Konsumamnesie das verfehlt, was nur in lebendiger, erwartungsfreier und furchtloser innerer Stille zu finden ist.«

* Aus: »Haschisch – die unbekannte Droge?«, siehe Literaturverzeichnis, S. 151

** In: Buck, »Trug der Drogen«, siehe Literaturverzeichnis, S. 151

Wir haben also gute Argumente, aber was immer wir unseren Kindern an Beobachtungen und Feststellungen mitteilen wollen, auf keinen Fall sollten Vorwurf oder Klage laut werden.

Wenn wir uns vor Augen halten, daß ihr gestörtes System ihnen eine richtige, sinnvolle Sicht der Realität – auch der eigenen – unmöglich macht, dann sollte es uns auch leichter fallen, nicht zu erwarten, daß sie uns verstehen, daß sie annehmen, was wir sagen, oder gar Einsicht zeigen.

Es geht nicht um das, was sie hören wollen. *Es geht um das, was wir sagen wollen,* weil wir es so sehen und fühlen, weil wir daraus diese und jene Schlüsse ziehen. Unser Maßstab soll und darf nicht das »Jetzt-und-hier-geliebt-Werden«, sondern muß unsere Verantwortung für ihre Zukunft und unsere Liebe zu ihnen sein.

Wir haben uns angewöhnt, uns vorzustellen, was unser Sohn als Gesundeter in zehn Jahren wohl sagen würde. Es sollte nie der Satz sein: »Ich war krank, aber *ihr* hättet das damals besser wissen müssen.«

Aus vielen Gesprächen mit gesund Gewordenen, mehr als drei Jahre Drogenfreien, wissen wir,

- daß sie viel mehr aufgenommen haben, als wir dachten und als sie sich anmerken ließen;
- daß sie oft gerade das beherzigten, gegen das sie sich damals am heftigsten zur Wehr setzten;
- daß sie das am tiefsten rührte, was wir sagten, weil wir es loswerden mußten und nicht, weil wir sie überzeugen wollten;
- daß sie in ihrem Inneren noch viel mehr von dem tragen, was sie früher einmal waren, was sie hätten werden können und vielleicht wieder einmal werden;
- daß sie uns lieben hinter ihrem Haß und ihrer Gefühlskälte und daß sie sich nach unserer Liebe sehnen, sie spüren wollen, und sei es, indem sie uns verletzen.

Wenn ich damals zu unserem Sohn manches Mal sehr hart hatte sein müssen, so bin ich nachts, wenn er schlief, zu ihm gegangen. Dann habe ich die Hand auf ihn gelegt und meiner Liebe einmal auf stumme Weise Ausdruck gegeben. Er ist nie wach geworden; doch später, als er längst frei war, hat er mir gestanden, daß er es immer gespürt habe. Er sei oft sogar wach geworden und habe es genossen, sich nicht dagegen wehren zu müssen. Auch das gehört zum psychischen Kranksein!

Ein anderes persönliches Erlebnis mag verdeutlichen, was

hinter solchen Ratschlägen steht: Unser Sohn war eine Zeitlang in Frankfurt untergetaucht. Da sein damaliger Kompagnon dort eine Schwester hatte, die die beiden ab und zu besuchten, schrieb ich ihm Briefe dorthin. Er hatte den Kontakt zu uns abgebrochen, aber wir ja nicht den zu ihm! Ich schilderte, was in der Familie geschah, was ich gelernt hatte über die Droge, die er nahm, und welche Gedanken mir kamen, wenn ich an ihn dachte. »Laß den Quatsch!« schrie er mich anläßlich einer Stippvisite zu Hause an. »Glaubst du, ich würde was anderes damit tun, als mir den Hintern abputzen?«

Ich schwieg und schrieb weiter. Nach Jahren, als er längst frei war, rief er mich an einem Sonntagmorgen an. »Was meinst du, was ich gerade tue? Ich lese die ganzen Briefe noch mal, die du mir nach Frankfurt geschickt hast!« Mir verschlug es die Sprache. Denn er hatte damals aus Frankfurt entfliehen müssen, ohne irgend etwas mitzunehmen außer dem, was er am Leibe trug. Wie war es möglich, daß er die Briefe noch hatte? »Ach Mami, ich hab' sie immer bei mir gehabt, sie waren mir das Kostbarste.« Auch so sind unsere Kinder, und wenigstens wir sollten das nicht vergessen.

Wir haben, trotz ihrer scheinbaren Unansprechbarkeit, noch Möglichkeiten, müssen aber sehr darauf achten, daß sich in unsere Versuche nie Ironie oder Sarkasmus einschleichen. Viel wirksamer sind immer noch Fragestellungen: »Hast du eigentlich noch nicht gemerkt?« – »Sehe ich falsch, wenn ich...« – »Wir haben uns Gedanken gemacht über...« – »Was meinst du dazu?« In der Anfangszeit, wenn sie noch zu Hause sind, an Mahlzeiten teilnehmen, sich in unserer Hörweite aufhalten, ist es auch sehr gut, sie indirekt anzusprechen. Wir können uns ja untereinander über das, was wir gelesen, gelernt haben, unterhalten. Bemerkungen wie »Jetzt verstehe ich auch, warum er/sie neulich...« – »In dem Buch steht...«. Ganz wichtig ist allerdings, sich dann *nicht* in Diskussionen, noch weniger in Dispute ziehen zu lassen. Wir dürfen ruhig sagen: »Du laß mal, da möchte ich jetzt nicht weiter drüber reden.« Wir dürfen auch ein wenig Spannung hineinbringen und sagen: »Ich könnte dir da jetzt drauf antworten, aber du würdest es doch nicht – oder noch nicht – verstehen, würdest es nicht verstehen wollen. Laß uns morgen nochmal darauf zurückkommen.«

So sehr wir auch darauf brennen, unsere Erkenntnisse an sie weiterzugeben, sie sollten uns nicht zu wohlfeil sein.

Es gehört viel Selbstbeherrschung dazu, sich zurückzuziehen, sich rarzumachen, wenn man doch festhalten und bewahren möchte. Wenn das, was wir für wichtig halten und was unsere Kinder bedenken sollten, aber wirksam werden soll, müssen wir für Worte das gleiche gelten lassen, wie für Medikamente: *Eine Überdosis bewirkt das Gegenteil!*

Wenn Eltern mit einem Drogenverdacht oder Drogenbeweis zu uns kommen, bevor sie mit ihrem Kind die große Aussprache – die ja meist ein Familiendrama ist – haben, können wir einen wirklich erprobten Rat geben: Ohne Näheres anzugeben (wodurch gemerkt, was gefunden, wieso mißtrauisch geworden, von wem erfahren – alles Dinge, die vielleicht – wenn überhaupt – erst später wichtig sind), sollten die Eltern ihrem Kind im Beisein der Geschwister (wenn diese nicht unter zehn Jahre alt sind) nur ruhig mitteilen, sie hätten gemerkt, daß da etwas mit Drogen sein könnte. Dies sei – ob wahr oder nicht stehe heute nicht zur Debatte – für die Familie Grund genug, sich mit diesem Thema erst einmal gründlich auseinanderzusetzen. Daher bitte in den nächsten zwei Wochen (diese Zeit ist sicher nicht verloren!) keine Auseinandersetzungen darüber. Man habe sich Material geholt (siehe Anhang) und müsse das erst durcharbeiten. Jeder habe die Chance, bei dem Gespräch am ... die gleichen Informationen zu besitzen, daher liege alles da und da. Bitte Gelesenes sofort zurücklegen, damit es den anderen zur Verfügung steht.

Wenn eine Familie das schafft und so vorbereitet nach zwei Wochen ins Gespräch geht, ist die Möglichkeit, etwas zu erreichen, gut. Allein schon die Zeit der Vorbereitung veranlaßt häufig den Konsumenten, wegen der Unsicherheit (was wissen die, wieviel haben die rausbekommen usw.) erst einmal abstinent zu bleiben. Das offene Angebot von Information ohne Druck wird fast immer genutzt, und die Zeitdistanz gibt den Eltern Gelegenheit, mit ihrer Panik und der Gefahr einer Überreaktion fertigzuwerden. Auch falscher Verdacht läßt sich ausräumen. Es kann behutsam Kontakt zu anderen, eventuell mitbetroffenen Eltern geknüpft werden, bevor Porzellan zerschlagen wird. Eltern sollten aber auch nicht zuviel Angst haben, vielleicht durch verfrühten oder unbegründeten Verdacht Schaden anzurichten. Wir haben zu viele Abhängige klagen hören, daß ihre Eltern nicht oder zu spät aktiv geworden sind.

Je unbegründeter der Verdacht nämlich ist, um so weniger heftig ist die Gegenreaktion, vor allem dann, wenn vernünftig und gelassen mehr gehandelt als geredet wird.

Zum 3. Gebot:

Verschwenden Sie keine Zeit darauf, nach Hinweisen und Spuren möglichen Drogenkonsums zu suchen.

Ist es erstaunlich, daß so viele Eltern der immer wiederholten Behauptung vom »kaputten Elternhaus im Hintergrund des Drogenproblems« oder den ebenso häufigen Berichten, daß vor allem kontaktarme, problembeladene, schwierige junge Menschen in den Sog des Drogenmarktes geraten, vertrauen? Schließlich können sie selbst sich dann ja sicher fühlen, wenn ihre Ehe harmonisch ist, das Zusammenleben mit den Kindern ohne besondere Schwierigkeiten verläuft und diese ganz offensichtlich fröhlich, gesellig und aktiv sind!

Untersuchungen von Berger/Reuband/Widlitzek, veröffentlicht unter dem Titel »Wege in die Heroinabhängigkeit«*, zeigen u. a. in den Kapiteln »Einstiegsdroge« und »Konsumbereitschaft« auf: »Abweichendes Verhalten ist – wie jedes Handeln – ein Produkt von Motivation *und* Situation. Inwieweit die Motivation oder die Situation das Handeln stärker bestimmt, dürfte von der Art des Handelns und von spezifischen gesellschaftlichen und historischen Bedingungen abhängig sein. In welchem Maße im Falle des Rauschmittelkonsums der eine oder andere Faktor ausschlaggebend ist, darüber gehen die Meinungen auseinander.«

Die Autoren konnten außerdem feststellen, daß die Eltern der Konsumenten überwiegend Drogen ablehnten, nicht überdurchschnittlich Medikamente einnahmen und auch der Alkoholkonsum eher normal war; die Eltern konnten also wohl kaum durch ihr schlechtes Vorbild das Verhalten der Kinder geprägt haben.

»Die Mehrheit hatte mit ihren Freunden und Bekannten über Drogen und Drogenkonsum gesprochen, bevor sie selbst Erfahrungen machten. Solche Gespräche ergaben sich anscheinend fast immer dadurch, daß irgendein Bekannter mit Rauschmitteln in Berührung gekommen war und – häufig mehr beiläufig als gezielt – sich darüber äußerte.«

Unter der Überschrift »Personenkreis und Erstkonsum« heißt es dann:

»Der Anstoß ergibt sich vielmehr im Rahmen seiner alltäglichen Kontakte mit anderen Gleichaltrigen – Personen, mit denen er öfters zusammentrifft und denen er auch ein gewisses

* Siehe Literaturverzeichnis, S. 151

Vertrauen entgegenbringt. Er gerät eines Tages in eine Situation, in der es zum Konsum kommt und sich für ihn die Möglichkeit eröffnet, daran zu partizipieren. Die situationsspezifische Aktivierung der Konsumbereitschaft kann dabei mehrere Formen annehmen. Sie reicht von dem eher spontan entstandenen oder zum Durchbruch gekommenen Wunsch nach Teilnahme, wenn die Jugendlichen andere rauchen sehen, bis hin zum Angebot und der Entkräftung bestehender Befürchtungen. Die häufigste Situation war die, daß sie einen Joint oder eine Pfeife mitgeraucht hatten, entweder in einer Gruppe, in der Joint oder Pfeife ›rumgingen‹, und sie sich stillschweigend dem allgemeinen Konsum anschlossen, oder wenn sie ein quasi individuelles Angebot bekamen. Dieses Mitmachen erforderte von den Befragten keine ausgeprägte eigene Entscheidung. Sie waren entweder an einem Gruppenbeschluß mitbeteiligt oder nahmen lediglich ein Angebot wahr. Finanzielle Unkosten waren mit dem Konsum nur für 11 % aller Befragten verbunden, die meisten erhielten es kostenlos.

Stattfinden kann das erste Drogenerlebnis überall da, wo Jugendliche ihren Treffpunkt haben: zu Hause, bei Freunden, im Freien oder in einer Discothek. Dabei dürfte aber eine gewisse Tendenz bestehen, nur dann am Konsum teilzunehmen, wenn die Wahrscheinlichkeit gering ist, durch drogenfeindliche Erwachsene oder Instanzen sozialer Kontrolle (wie etwa Polizei) gestört zu werden. Private Räume werden deshalb etwas häufiger genutzt.

Anders als zunächst vermutet, scheinen besondere Anstrengungen zur Geheimhaltung des Konsums nicht üblich zu sein. In der ersten Erhebung, in der wir speziell danach fragten, genügte beim Konsum im öffentlichen oder halböffentlichen Bereich häufig eine nur minimale Absicherung (indem man sich mit dem Rücken zu den Passanten drehte). Vielfach unterblieb sie sogar ganz. Es mag sein, daß sich seitdem die Verhältnisse unter dem zunehmenden Problembewußtsein der Öffentlichkeit ein wenig verändert haben. Aber auch in unserer zweiten Erhebung, in der nicht spezifisch danach gefragt wurde, wurden besondere Vorsichtsmaßnahmen beim Erstkonsum in keinem nennenswerten Maße erwähnt. Die anwesenden Konsumenten scheinen sich daher wahrscheinlich meistens in einer Situation befunden zu haben, die sie als unbedrohlich empfanden und die keiner speziellen Sicherungsmaßnahme bedurfte. Nur in einer solchen Situation, so ist zu vermuten, wird es überhaupt zum

Konsum kommen und wird zudem ein Novize in den Kreis der Konsumenten miteinbezogen.«

Die Mehrzahl der Betroffenen im Elternkreis sind Eltern, die glaubten, ihnen könne das nicht passieren. Man kann sich lange an diesem »mein Kind doch nicht« festhalten. Erst handfeste Beweise, d. h. sichtbare und kraß auffällige Anzeichen rütteln auf. Im nachhinein kommt ihnen ihr Vertrauen dann oft blind, ihr Bemühen um Nachsicht bei »pubertätsbedingten Schwierigkeiten« mehr als naiv vor. Hat am Ende der Drogenmarkt deswegen ein solches Interesse an der Erhaltung des Klischees vom versagenden Elternhaus? Ist es nicht sehr in seinem Sinne, wenn sich möglichst viele Eltern – und zwar gerade die Eltern, die bereit und fähig wären, vorbeugend etwas zu tun – in falscher Sicherheit wiegen?

Später schildern sie es dann so:

»Unser zweites Kind, die 15jährige Tochter, ist unser Problemkind. Bis zum Februar des Jahres hat sie das Gymnasium besucht, sie mußte es verlassen und geht jetzt in die Realschule. Bis zu ihrem 13. Lebensjahr war sie ein stilles, ruhiges, alles Schöne liebendes Mädchen. Nach der 8. Klasse wurde sie nicht versetzt und mußte die Klasse wiederholen. Ein paar Wochen danach teilte mir der Lehrer mit, sie schwänze laufend die Turnstunde und mache fast keine Aufgaben. Er gab mir den Rat, mit ihr zum Psychologen zu gehen, und nannte mir eine Adresse. Wir taten das auch, und sie ging sechs Monate lang einmal in der Woche in die Beratungsstunde. Es kostete DM 100,– im Monat.

Es war kein Erfolg.

Unsere Tochter wurde immer aggressiver, verlangte immer mehr Freiheit, immer mehr Ausgang. Sie machte keine Hausaufgaben mehr, bemalte ihre Kleidung mit Kreuzen und Symbolen, vernachlässigte ihr Äußeres und drohte zu verwahrlosen. Sie schrieb euphorische Gedichte und auch Eindrücke über Horrorträume.

Bis zum Auftauchen der Gedichte hatte ich an ›Pubertätsirrsinn‹ geglaubt, jetzt dachte ich an Drogen.

Eine andere Lehrkraft gab mir den Rat, zu einem anderen Psychologen zu gehen. Wir gingen hin. Ich erzählte meinen Drogenverdacht, und sie gab in der dritten Stunde zu, Haschisch zu rauchen und LSD zu schlucken. Ferner schnüffelte sie und nehme Aufputschtabletten.«

Tanja (16 Jahre) ist inzwischen tot. Ihre Mutter schreibt:

»Ich möchte kurz den Verlauf der Drogenkarriere unserer

Tanja schildern. Vielleicht können Sie daraus auch die Gründe erkennen, denn besondere Probleme außer normalen Pubertätsproblemen hatte sie eigentlich nicht. Meines Erachtens ist es bei ihr aus einer gewissen Neugier, Abenteuer- und Sensationslust entstanden, wobei das Buch ›Wir Kinder vom Bahnhof Zoo‹ eine erhebliche Rolle mitgespielt hat.

Es war kurz vor ihrem 15. Geburtstag, als ich bemerkte, daß sie mit einer Freundin aus der Nachbarschaft ziemlich oft in die Stadt fuhr. Dann zog sie sich betont gammelig an. Sie war jetzt häufig schon nachmittags weg und vernachlässigte die Hausaufgaben. Sie verschlang dreimal hintereinander und zwischendurch das Buch ›Wir Kinder vom Bahnhof Zoo‹. Ich las es auch und dachte, daß dieses abschreckend wirken müsse, so wie es auf mich wirkte. Sie nahmen in der Schule das Thema ›Drogen‹ vor, und Tanja meldete sich zu einem Referat, wobei ich ihr noch half. Ich ging mit ihr zur Drogenberatungsstelle, und wir sammelten gemeinsam Material.

Tanja bekam einen richtigen Sammeltick, drei dicke Mappen voll Drogenmaterial. Sie hielt in der Realschule, 9. Klasse, ihr Referat und bekam eine »Eins« und den Beifall der Klasse, ein Erfolgserlebnis, das sie seit langem entbehrte, denn sie war stets nur eine mittelmäßige Schülerin. Auch begann sie Tagebuch zu schreiben, was ich normal fand. Das tun fast alle jungen Mädchen. Sie hat es einmal so liegenlassen, daß ihre um drei Jahre ältere Schwester, ein sehr selbstbewußtes, ehrgeiziges und erfolgreiches Mädchen in der Schule und auch privat, darin las und mir sagte, ich solle mal besser auf Tanja aufpassen, sie drohte, in eine böse Sache 'reinzurutschen. Nur deswegen holte ich mir Gewißheit aus ihrem Tagebuch. Sie war in eine Clique (Hasch) hineingeraten, wo sie die Leute toll fand. Ein Satz aus ihrem Tagebuch: ›Endlich werde ich anerkannt.‹ Vielleicht hat sie sich immer ein wenig im Schatten der großen Schwester gefühlt, dachte ich mir. Von den Lehrern bekam ich zu hören, daß sie im Unterricht teilnahmslos und apathisch die Stunden absitze, und das Ergebnis zeigte sich dann auch im Zeugnis.

Ich suchte sofort eine Drogenberatungsstelle auf.«

Eine andere Mutter:

»Wir führen eine glückliche Ehe, und mein Mann kümmert sich immer viel um unsere Kinder.

So auch um unsere Tochter Inge. Sie war ein ganz liebenswertes Kind und wirkte auf alle ansprechend. In der 2. Klasse stand in ihrem Zeugnis, daß sie manchmal Schwierigkeiten beim

Einfügen in die Gemeinschaft hätte, die sie aber überwinden würde. Sie war eine sehr gute Volksschülerin und kam aufs Gymnasium. Auch in der Sexta und Quinta hatte sie gute Leistungen. Dann kamen erste Schwierigkeiten in den Lernfächern, was wir aber in dem Alter als normal hingenommen haben. Mit dreizehn begann sie zu rauchen. Alle Verbote, Ermahnungen und eine gründliche Aufklärung unsererseits schienen nichts zu nützen. Zu der Zeit begannen auch Schwierigkeiten mit den Lehrern. Sie suchte laufend ein Jugendhaus auf. Dort lagen Matratzen, und die Jugendlichen rauchten und tranken. Dort lernte sie auch einen Jungen kennen, von dem ich wußte, daß er haschte. Sie verliebte sich in ihn und wollte ihm helfen. Sein Vater hatte sich das Leben genommen, seine Mutter war Alkoholikerin geworden. Inge schwänzte ohne unser Wissen Sport- und Konfirmandenunterricht. Sie ging in ein Jugendlokal, in das sie wegen ihres Altern gar nicht durfte. Wir, besonders mein Mann, versuchten ihr im Gespräch klarzumachen, daß der Umgang, den sie mittlerweile hatte, nicht gut für sie sei, denn ich merkte bald zum ersten Mal, daß auch Hasch im Spiel war. Man konnte ihr die Freunde doch nicht verbieten, denn oft hatte ich den Eindruck, daß sie diesen kaputten Typen helfen wollte. Dieses soziale Verhalten versuchte ich dahingehend zu unterstützen, daß ich viel mit ihr darüber sprach und mich gleichzeitig über Drogen zu informieren begann. Mein Mann und ich waren allerdings sehr betrübt darüber, daß sie all ihre Freundinnen auf einmal ›doof‹ fand. Wir hatten ihren Geburtstag immer besonders nett gefeiert und uns bei der Gestaltung viel Mühe gegeben. Ihren 14. wollte sie dann nicht mehr zu Hause feiern . . .

Wir stellten an ihr immer mehr eine Wesensänderung fest, die wir nicht begreifen konnten, dann aber auf die Pubertät schoben. Sie trieb sich rum, kam nicht zum Mittagessen, lernte nicht, kam laufend zu spät in die Schule, log und wurde einmal in einem Kaufhaus beim Stehlen erwischt. Auch da haben wir ruhig mit ihr gesprochen, um die Hintergründe ihres Verhaltens herauszufinden. Wir waren eigentlich ziemlich schockiert über die Gleichgültigkeit der Sache und auch uns gegenüber. Trotz allem gab es immer wieder positive Aspekte, also neben den notwendigen Ermahnungen, einmal auch Schläge, auch Lob von unserer Seite. Nach dem ersten Schulhalbjahr in der 9. Klasse waren ihre Leistungen trotz Nachhilfe in Mathematik so schlecht, daß wir sie, wiederum auf ihren Wunsch hin, in die 8. Klasse zurückstufen ließen, um ihr, der neuen Schule wegen, den Start in die

9. Klasse zu erleichtern. Es besserte sich aber überhaupt nichts, im Gegenteil. Sie gab während einer Englischarbeit z. B. einen leeren Zettel ab, obwohl sie gerade in Englisch sehr gut war und das auch schon bewiesen hatte. Mein Mann konnte den Lehrer kaum beruhigen.

Ende des Schuljahres bekam sie nur einen Leistungsnachweis (1×6, 4×5), aber sie hatte ja die Versetzung in die 9. Klasse. Vorher, im Mai, hatten wir ihre Konfirmation außerordentlich harmonisch in der Familie gefeiert. Einige Tage später lief sie zum ersten Mal für drei Tage weg. Mein Mann holte sie dann aus einem Jugendhaus im Nachbarort heraus, wo er im Beisein seiner Tochter von anderen Jugendlichen sehr gedemütigt wurde.«

In »Cannabis heute«* berichtet der seit Anfang des Drogenproblems damit befaßte Schulpsychologe W. Weber:

»Seit Ende der sechziger Jahre mußte sich der schulpsychologische Dienst des Landes Hessen mit Schülern befassen, die durch Cannabis-Gebrauch bzw. Cannabis-Mißbrauch in der Schule auffielen. Die Folgen, die bei Betroffenen durch Cannabis-Mißbrauch auftraten, lassen sich also über zehn Jahre zurückverfolgen; dies ist allerdings nur bei einem sehr kleinen Teil der Betroffenen möglich: nämlich da, wo Eltern bzw. Betroffene von Anfang an den Kontakt zum Schulpsychologen aufrechterhielten. Der größte Teil der Betroffenen verschwand bald nach dem Abgang aus der Schule auch aus dem Blickfeld des schulpsychologischen Dienstes. Insofern sind Cannabis-Konsumenten damals wie heute nur selten ›Fälle‹ für die Betreuung durch den Schulpsychologen; denn bevor sie im eigentlichen Sinne auffällig werden, haben sie bereits die Schule verlassen, da sie auf Grund der Veränderungen, die der Cannabis-Konsum mit sich brachte, nicht mehr in der Lage waren, den Anforderungen der Schule zu genügen. Nach den Erfahrungen des schulpsychologischen Dienstes verlassen Schüler, die regelmäßig Cannabis konsumieren, in der Regel nach ca. 6–9 Monaten die Schule bzw. können nach dieser Zeit nicht mehr durch die Schule beurteilt werden, da sie nur noch sehr selten am Unterricht teilnehmen. Dies gilt für alle Schularten, vor allem für die Schulstufen Sek. I und Sek. II.

Der Beginn des Cannabis-Konsums wird meistens nicht bemerkt; die bei den Konsumenten entstehenden Verhaltens-

* Siehe Literaturverzeichnis, S. 151

veränderungen werden meistens falsch gedeutet: Einerseits werden die konsumierenden Kinder als aktiver, offener, z.T. auch kreativer, genialer erlebt, andererseits werden die deutlichen Beobachtungen – z.B. realitätsferne Phantasien, Leistungsverweigerung zu Hause und in der Schule, Gleichgültigkeit bzw. Apathie gegenüber Pflichten – der pubertären Entwicklung der Betroffenen zugeordnet. Die veränderte Haltung des Kindes bzw. Jugendlichen gegenüber den Eltern und der Familie wird meist zu spät gesehen bzw. die Eltern von Betroffenen versuchen sehr lange, sich die Illusion einer normalen Entwicklung des Jugendlichen aufrechtzuerhalten. Insofern fällt dann der Cannabis-Konsum unter die Art von Toleranz der Eltern, die einem sich normal entwickelten Jugendlichen gegenüber durchaus angebracht wäre – nur hier bedeutet diese Art der sorglosen Toleranz eine direkte Aufforderung für den Jugendlichen, mit dem Cannabis-Konsum fortzufahren. Ein weiterer Grund, warum Eltern erst so spät bzw. zu spät auf die verhängnisvolle Entwicklung aufmerksam werden, ist durch eine Veränderung im Verhalten des Jugendlichen bedingt, die den Wünschen der Eltern nach Harmonie entgegenkommt: Übereinstimmend berichten Eltern von Betroffenen davon, daß zu Beginn des Konsums ihre Kinder ihnen gegenüber weniger aggressiv und ablehnend waren als vorher. Allem Anschein nach scheint sich der normale Ablösungsprozeß von den Eltern und anderen erwachsenen Bezugspersonen beim Cannabis-Konsumenten ziemlich schnell zu verändern. Sie streben – ähnlich wie im Rausch – zunächst nach größerer Harmonie in ihrer Umwelt: Die Eltern nehmen dies dankbar zur Kenntnis. Natürlich spielt hierbei – nach Aussagen von Betroffenen und deren Eltern – der steigende Geldbedarf eine gewisse Rolle; denn nur, wenn neben der Toleranz die Geldzuwendungen steigen, ist ein ungestörter Konsum überhaupt möglich. Eine große Bedeutung für das bessere Verhältnis von betroffenen Jugendlichen zu ihren Eltern kann man auch in dem Verlangen der Jugendlichen sehen, für ihren Rede- und (cannabisbedingten) Mitteilungsdrang ein gewisses Publikum zu haben, das verstehend auf sie eingeht. Und: Eltern gehen in der Regel gerne auf ihre pubertierenden Kinder ein, vor allem, wenn diese ein – und sei es auch ein rauschmittelbedingtes – harmonisches Verhältnis suchen. Dieses relativ gute Verhältnis zu den betroffenen Kindern ändert sich sehr schnell, wenn sich die ersten Schwierigkeiten ergeben, die nach ca. 6 Monaten spätestens auftreten (siehe Seite 47). Den Jugendlichen gelingt es dann nicht mehr, die Folgen des Cannabis-Gebrauchs bzw. Mißbrauchs weiterhin zu verbergen; sie sind nicht mehr in der Lage dazu, selbst wenn sie wollen.«

Es gibt nur einen Ausweg aus diesem Dilemma, hervorgerufen durch die klischeehaften Kombinationen von Vorurteilen, falscher Sicherheit, Interessen des Drogenmarktes und schleichender Wirkungsweise der Anfangsdroge Haschisch: Nicht warten, bis...! Auch das geringste Anzeichen, daß unser Kind möglicherweise in Kontakt mit Drogen oder Drogenkonsumenten kommt, sollte uns in der heutigen Zeit genügen, aktiv zu werden.

Nun ist eigentlich schon die Tatsache, daß unser Kind das entsprechende Kontakt- und Einstiegsalter (13–16 Jahre) erreicht, ein solches Zeichen für seine eventuelle Gefährdung. Dies ist keineswegs Panikmache oder Aufforderung zum Mißtrauen, aber alle Eltern müssen vorher begreifen und akzeptieren,

1. daß es jedem Kind passieren kann, in diese Versuchung zu geraten,
2. daß es normales Elternverhalten ist, diese Möglichkeit nicht auszuschließen,
3. daß es Elternpflicht ist, so früh wie möglich gegenzusteuern.

Mit dieser Grundeinstellung wird dann auch verständlich, warum wir es für Zeitverschwendung halten, nach Spuren und Beweisen zu suchen. Wir haben immer wieder erlebt, daß Eltern es sogar weniger schlimm fanden, ihr Kind für schizophren zu halten als für drogenkonsumierend. Sie hatten also mehr Angst vor der Diskriminierung als vor einer Geisteskrankheit ihres Kindes! Es ist an dieser Stelle auch dringend nötig, darauf hinzuweisen, wie gefährlich als Einstiegs-, aber auch als alleinige Mißbrauchsdrogen der Alkohol und die Tabletten aus der Hausapotheke sind. Hat man früher die Hausapotheke für Kleinkinder unzugänglich gehalten, so ist es heute ebenso angebracht, sie vor dem Zugriff der Heranwachsenden zu versperren. Das gleiche gilt für den Alkohol – den wir vielleicht so im Griff haben, daß er bei uns offen herumstehen darf. Wir beten im ›Vaterunser‹ »und führe mich nicht in Versuchung«. Im Familienalltag sollten wir das ruhig konkret umsetzen. Es gibt viele Stimmen, die sagen, »aber sie müssen doch lernen, damit umzugehen, ins Glashaus setzen ist keine echte Erziehung«. Da ist etwas Wahres dran, aber der richtige Weg liegt wieder einmal in der Mitte. *Erst* zur Entscheidungsfähigkeit reifen lassen und dann zur Entscheidung freigeben, ist die richtige Reihenfolge, die heute nur zu oft umgekehrt wird.

Es geht uns ja auch vor allem darum aufzuzeigen, daß nicht das Suchen nach frühen Hinweisen für Suchtentwicklungen, sondern die frühzeitige, stetige und solchen Entwicklungen vorbeugende Konsumerziehung, die Hilfe zur Selbstkontrolle, das Hinführen zum Erkennen von Manipulationen und zu der Einsicht, beeinflußbar zu sein, wichtig sind. In unserem aus der Elternkreisarbeit und aus der Kenntnis der Einstiegsphasen heraus entwickelten »Präventionsprogramm für 7.–9. Klassen« haben wir der Abschreckung durch Gefahren und böse Folgen sowie der oft erst neugierig machenden »Drogenkunde« die viel wirksamere »Persönlichkeitsentwicklungshilfe« gegenübergestellt. Der »kaputte Typ« ist nun mal eher ein Idol bei der gefährdeten Altersgruppe, Gefahren sind geradezu reizvoll, denn sie »ziehen ja aus, das Fürchten zu lernen« und gehen begeistert in Horrorfilme. Empfindlich sind sie in dieser Phase aber gegen jede Art von Manipulation. Gibt es krassere Manipulationen als durch den Drogenmarkt? Oder durch die Drogen?

Die Fragen allerdings, wie dieser Markt seine mehr als 200 Milliarden Dollar Umsatz im Jahr tätigt, kann man nicht durch »Drogenbroschüren« bequem beantworten. Ebensowenig sind die zum richtigen Verständnis notwendigen Einblicke in Zusammenhänge von Drogenwirkungen und -folgen, von Persönlichkeitsstruktur und Reifegrad des Konsumenten sowie seinen Einstellungen und Erwartungen in einer »pflichtgemäßen Drogenaufklärung« deutlich zu machen.

Echte Vorbeugung muß lange bevor wir »Anzeichen für ihre Notwendigkeit« sehen können, beginnen. Aber auch wenn es längst soweit ist, nützt die Suche nach Spuren und Hinweisen wenig. Viel wichtiger ist es, unsere gesamte Aufmerksamkeit unserem Kind und seinen – ihm selbst nicht erkennbaren – Veränderungen zu widmen.

Selbstverständlich gibt es bei starkem Verdacht und nach bewiesenem Drogenkontakt auch notwendige Konsequenzen. Das Elternhaus *muß* drogenfrei gehalten werden! Erstens weil wir das Hausrecht haben, zweitens weil wir nicht nur hier und jetzt unseren Kindern ein Heim bieten wollen, sondern auch – und vor allem – dann, wenn sie wieder drogenfrei leben möchten. Haben sie im Elternhaus Drogen konsumiert und sind die Drogentypen dort ein- und ausgegangen, dann müßten sie diese Umgebung meiden, wenn sie drogenfrei werden und bleiben wollen!

Natürlich stoßen wir hier an die Grenzen unserer Möglichkeiten. Wie sollen wir es merken? Können wir sie denn zwingen? Treiben wir sie dann nicht ganz hinaus auf die Straße? Wird es nicht viel schlimmer, wenn wir die Leute, mit denen sie umgehen, gar nicht mehr kennen?

Es ist eine bittere Erfahrung in allen Elternkreisen: *Wir können nichts aufhalten, wenn wir Bestehendes erhalten, um Schlimmeres zu verhüten.* Der Prozeß läuft, wir erreichen damit nur seine Verlängerung!

Die Grenzen in der uns heute noch möglichen Erziehung sind durch Medien, den allgemeinen Jugendfetischismus, eine permissive Jugendpolitik und babylonische Verwirrung der Erziehungskonzeption tatsächlich erschreckend eng geworden.

Zum 4. Gebot:

Üben Sie innerhalb der ganzen Familie ein in diesen Punkten einheitliches und konsequentes Verhalten und unterlassen Sie es, sich für dieses Verhalten gegenüber dem Abhängigen zu rechtfertigen.

Es ist erschütternd, wie viele Eltern schon bereit sind, ja zu sagen, weil sie ein Nein doch nicht durchsetzen könnten. Es ist aber ein Riesenunterschied, ob wir solch ein resignatives Ja oder das klare Nein sagen, auch – und besonders dann – wenn wir eine Durchsetzung nicht erreichen. Unser Nein zwingt unser Kind, selbst wenn es leicht darüber hinwegzugehen scheint, sich alle Folgen dieser Übertretung *selbst* zuzuschreiben. Das können und sollten wir ihm bewußt machen. Ein heute noch so »dankbar« von ihm angenommenes Ja wird uns früher oder später mit Recht vor die Füße geworfen: »Ihr hättet das damals besser wissen müssen!« Mit dem resignativen Ja übernehmen *wir* allein die Verantwortung für alle Folgen. Unser Nein zwingt *sie*, diese selbst zu tragen, wenn sie es nicht akzeptieren.

Wir hatten mit unserem Jüngsten, als er 15 Jahre alt war, ein aufschlußreiches Erlebnis in diesem Zusammenhang: Er war auf einer Fete und rief uns kurz vor 22 Uhr an. Ich wollte ihn um diese Zeit abholen. Volle Musik im Hintergrund, ein Gewirr von jungen, fröhlichen Stimmen. Er bat mit all seinem Charme und der Überredungskunst dieses Alters um eine Stunde Verlängerung. Was selten gelang, an dem Abend schaffte er es, denn wir hatten Gäste, und es war mir lieber, ihn später zu holen. Am nächsten Morgen allerdings hörten wir recht fassungslos seine heftige Beschwerde: Sie hätten gewettet, welche Eltern konsequent wären und welche umfallen und sich überreden lassen würden. Er hätte fest mit uns gerechnet, und wir hätten ihn ganz schön blamiert!

Ich erinnerte mich sofort an eine Begebenheit im ersten Jahr der Abhängigkeit unseres Ältesten. Er war an der holländischen Grenze mit geringer Menge Haschisch aufgegriffen worden. Die ganz jungen Nichtvorbestraften wurden – wie üblich – auch von seiner »Kommune« dorthin zum Abholen geschickt. Die darauf folgenden drei Wochen in der Jugendschutzstelle brachten – weil diese damals noch streng geschlossene Abteilungen hatten – eine Abstinenz und diese wiederum die Einsicht, erst einmal zu Hause zu bleiben, um sich neu zu orientieren.

Wir versuchten alles, ihn gegen die ständig unser Haus belagernden Kommunarden abzuschirmen und den Stoff abzufangen, den sie ihm in Schokolade, Blumen und Briefen zuschickten. In stundenlangen Diskussionen, auf den Treppen vor der Haustür sitzend, bemühten wir uns, ihnen klarzumachen, daß wir nicht »repressiv« oder »autoritär« handelten, sondern durch eine längere Drogenabstinenz nur erreichen wollten, daß unser Sohn überhaupt wieder fähig wurde, selbst zu entscheiden. Einer seiner »Kumpel« schaffte es dann doch, heimlich einzudringen. Ich traf ihn auf der Treppe zum Zimmer unseres Sohnes. Wut und Angst überwältigten mich. Ihn mit der Polizei wegen Hausfriedensbruch bedrohend und buchstäblich außer mir, schleuderte ich ihn herum und beförderte ihn mit einem Tritt die Treppe hinunter. Er rannte davon, und ich fühlte mich erniedrigt und voller Scham.

Schon wenige Tage später brauchten wir die Papiere unseres Sohnes, die er in der Kommune liegen hatte. Ich fuhr hin wie in die Höhle des Löwen. In meiner Angst bat ich einen Freund, mitzufahren. Er wartete eine Straße vor dem bewußten Haus und sollte kommen, wenn ich nach zehn Minuten nicht zurück wäre.

Ich hörte mein Klopfen an der Tür nicht, so schlug mein

Herz. Die Tür ging auf, und ausgerechnet jener junge Mann, den ich hinausgeworfen hatte, stand mir gegenüber. Ohne Zögern streckte er mir die Hand entgegen, begrüßte mich strahlend und bat mich herein. Er müsse die Papiere erst suchen bei dem Durcheinander. Da hatte er allerdings recht! So etwas hatte ich noch nie gesehen wie diese stinkende, dreckige, nur mit Lumpen und Matratzen »möblierte« Wohnung. Hunde, Katzen und Menschen ließen hier alles unter sich gehen, Wolken von Haschischduft schwebten darüber. (Haschisch, wie ich viel später erst lernte, stört den Geruchssinn.) Sie merkten das gar nicht, sie fanden das »romantisch«, ihre »Wohnhöhle«.

Sprachlos ließ ich mich in einen etwas ordentlicheren Raum – den sich ein junges Mädchen, das helfen wollte, dort eingerichtet hatte – führen. Bald saß die ganze Mannschaft um mich herum, aber keineswegs aggressiv oder feindlich! Sie hatten Fragen über das, was sie in unseren Treppengesprächen so höhnisch abgetan hatten, wollten mehr wissen von dem, was ich inzwischen in medizinischen Fachbüchern über Haschisch gelesen hatte. Voller Schrecken fiel mir dann aber mein »starker Mann« ein, der jeden Moment kommen mußte, um mich hier rauszuholen. Ich wählte die Flucht nach vorne und schilderte ihnen meine Angst herzukommen nach dem Vorfall vor einigen Tagen. Alle lachten! Sie wußten davon, und nun sagte Enno, der bei uns gewesen war: »Aber das war doch richtig. Sie sind wenigstens konsequent. Wenn unsere Eltern uns doch auch so hart gegen die Droge verteidigen würden und sich so für uns einsetzten!«

Seit damals habe ich nie mehr versucht, mich vor meinem oder anderen Drogenkonsumenten zu rechtfertigen. Allerdings habe ich ihnen mein Verhalten und meine Ansichten immer erklärt, mein »warum« und mein »wofür«.

Erst als wir soweit waren, konnte das bis dahin leidige Problem des Taschengeldes endlich geregelt werden. »Du kannst von deinen Eltern, solange sie befürchten müssen, daß davon auch nur ein Pfennig in Drogen angelegt wird, kein Geld erwarten! *Wir* wissen, daß Drogen schädlich sind und müssen nach diesem Wissen, nicht nach deinen Wünschen handeln.« Wir eröffneten ein Extrakonto – für ihn nicht zugänglich – und sparten alles dort an, was wir ihm normalerweise gegeben hätten. Die kleinen Extrabeträge der Omas ebenso wie das Geld für die nicht mitgemachte Reise. Als er aus dem Haus ging – gegen unseren Willen, d.h. ohne jede Unterstützung –, überwiesen wir auch monatlich das Geld, das uns sein Unterhalt und die Ausbildung gekostet hätte, auf dieses Konto. So gaben wir ihm keine Gelegenheit, uns vorzuwerfen, wir benachteiligten ihn. Auch gegen eventuelle Forderungen von Sozialämtern hatten wir so den Nachweis, daß wir aus erzieherischen Gründen und um keine »Beihilfe zu strafbaren Handlungen« zu leisten, die Unterhaltszahlung verweigerten.

Wir zeigten ihm auf, daß dieses Geld für seinen Start ins drogenfreie Leben gespart sei oder für die Kosten der dazu notwendigen Hilfen. Er solle sich nicht darauf verlassen, daß der Staat nur darauf warte, ihm helfen zu dürfen, wenn ihm der Drogenkonsum »aus dem Griff geriete«.

Zum 5. Gebot:

Nehmen Sie dem Abhängigen nicht das geringste ab zur Lebensbewältigung, was er eigentlich selbst tun könnte.

Es war hart, zusehen zu müssen, wie unser Sohn im Winter mit Baumwollhemdchen und zerrissenen Jeans jämmerlich frieren mußte. Wir hätten ihn so gerne versorgt und seine armseligen Quartiere mit ein paar Sachen wohnlich gemacht. Er sah so mager, so hungrig aus. Was hätte ich darum gegeben, ihn päppeln zu dürfen. Nein! Er hatte die Alternative, er konnte nach Hause kommen. Dort war sein Zimmer, dort konnte er sich sattessen und auch kleiden. Er hatte die Drogen gewählt und mußte *spüren*, wie teuer er sie bezahlte. Ihm das Drogenleben erleichtern würde heißen, sich damit einverstanden zu erklären. Es würde letztlich bedeuten, ihm die Möglichkeit, zur Besinnung zu kommen, zu verringern.

Solange der Abhängige *mit* Droge leben kann, gibt es keinen Grund für ihn, es *ohne* Drogen zu versuchen!

Es bedeutet also keineswegs immer Liebe, wenn man seinen Kindern Schwierigkeiten aus dem Weg räumt, ihnen Probleme lösen hilft. Schwierigkeiten und Probleme sind fälschlicherweise zu Negativbegriffen gemacht worden, in Wirklichkeit sind sie die wesentlichsten Antriebe des Menschen zum Lernen, zur Entwicklung, zur Reife. Die Manageruniversität Oxford hat in ihrer psychologischen Abteilung eine dreijährige Forschung nach der »besten Leistungsmotivation des Menschen« mit einem für alle erstaunlichen Ergebnis abgeschlossen: Nicht Ruhm, nicht Geld, Macht, Anerkennung, sondern *die Lust am*

Überwinden von Schwierigkeiten ist die beste Motivation. Gerade weil wir unsere Kinder lieben, sollten wir uns zurückhalten, müssen wir ihnen die Bewältigung ihrer eigenen Aufgaben lassen. Sie *brauchen* diese Lernprozesse manchmal notwendiger als alles andere.

Immer wieder mußte damals mein Verstand alle Gefühle wie Mitleid und das Bedürfnis, meinem Sohn zu »helfen«, fast gewaltsam in den Griff nehmen. Ich glaube, ich hätte das nicht geschafft, wenn wir betroffenen Mütter uns nicht untereinander geholfen hätten mit tiefem Verständnis und mit gutem Rat. Es war für mich sehr hilfreich, Tagebuch zu schreiben, um immer wieder Ordnung in meine Ängste, Hoffnungen, Gefühle und Gedanken zu bringen. Durch Zufall fand mein Sohn diese Aufzeichnungen eines Tages, las sie heimlich und war tief erschüttert. Dem gesprochenen Wort glaubte er nicht, dem Tagebuch jedoch vertraute er! Ich schrieb ihm in dieser Zeit manchmal auch Briefe und legte eine kleine Leckerei oder ein Büchlein dazu, nur um ihm mitzuteilen: »Wir haben dich trotz allem lieb.« Ich tat das aber vor allem, um mit mir selber besser fertigzuwerden.

Wenn Abhängige hinausdrängen, aber den Mut nicht haben, die Verantwortung für sich zu übernehmen, oder wenn sie ihren kindlichen Versorgungsanspruch nicht überwinden können, dann provozieren sie ihre Eltern, quälen sie mit Haß und Bosheit. Ihr ganzes Bestreben geht dahin, die Liebe, die ihrem Gewissen noch zu schaffen macht, weil sie zwischen ihnen und der Droge steht, kaputtzumachen, um »frei« zu werden. »Dann schmeißt mich doch raus«, ist ihre Hoffnung auf ein Alibi. Es ist soviel einfacher, der »arme Hinausgeworfene« zu sein, alle Sozialstellen sind dann offen, alle »mitleidigen Seelen« sind zur »Hilfe« bereit, und sie selber sind frei von jeder Verantwortung für eventuelle negative Folgen. Das heißt nun keineswegs, daß wir sie festhalten sollten. Aber wenn sie merken, daß unsere Liebe nicht zerstörbar ist, weil sie unabhängig von ihrem Wohlverhalten oder Fehlverhalten besteht, dann müssen sie selbst entscheiden und verantworten.

Wir können und wir sollten ihnen nur durch klare Aussagen, durch feststehende Bedingungen und auch durch offene Vertretung der eigenen Interessen und Rechte helfen. Z. B. Aussagen: Wir sind gegen Drogen (das darf allerdings nicht nur mit Worten so sein). Wir sind für dich (wenn du zur Einsicht kommst, wieder du selbst werden willst). Wir denken an deine

Zukunft (die du um der Lust von heute willen aufgegeben hast). Dein Elternhaus soll ein Ort sein, wo du dich wieder selbst und nicht Erinnerungen an Drogen triffst. Z.B. Bedingungen: Weder Drogen noch Drogentypen dulden wir im Haus. Wir haben allein das Hausrecht, lassen lieber überhaupt keinen mehr hinein, wenn wir unsicher sind bei den Typen. Gefundene Drogen und Drogenutensilien lassen wir ohne Erklärung verschwinden. Mit Angabe des Fundortes und Datums, gut verpackt, könnten wir sie z. B. im Tresor unseres Hausarztes oder Anwalts hinterlegen, denn beide stehen unter Schweigepflicht, und unter Umständen wichtiges Beweismaterial geht nicht verloren. Im eigenen Haus sollte man es nicht verstecken, denn das Gesetz zieht den Wohnungsinhaber – auch bei Fahrlässigkeit – bei gefundenen Drogen zur Verantwortung.

Wer in der Familie lebt, muß auch ein Mindestmaß an Einordnung, Hilfeleistung und Teilnahme einbringen. Rein gesetzlich ist das die Vorbedingung für jeden Taschengeldanspruch, solange der Jugendliche noch in Ausbildung und ohne Eigenverdienst ist. Für uns sollte es mehr bedeuten. Die Gemeinsamkeit, besonders die Teilnahme an den Mahlzeiten, sollte ebenso Regel sein wie die Beachtung der familienüblichen Nachtruhezeiten. Ausnahmen bestätigen die Regel, aber wir sollten es nicht zulassen, daß sie essen, wann und was sie wollen, und uns ihren – für normal Lebende unzumutbaren – umgekehrten Nacht-Tag-Rhythmus aufzwingen. Viele Mütter glauben, »wer schläft, sündigt nicht«. So lassen sie ihren Spätheimkehrer den ganzen Vormittag schlafen, gehen auf Zehenspitzen und servieren das Frühstück um 14 Uhr. Sie machen sich so doch nur etwas vor und fördern in Wirklichkeit das Sündigen am späten Abend. Wenn der Konsument vormittags schläft, kann er außerdem den fälligen Behördengang, dies und das und jenes nicht machen. Nur zu leicht »macht Mutter schon«; aus Angst, daß sonst ein Termin verpaßt und alles noch schlimmer wird, erledigt sie, verhindert sie, besorgt sie, legt sie vor, entschuldigt sie, bezahlt sie und wird, ehe sie sich versieht, zum Komplizen der Sucht. Der Konsument nutzt sie aus, und kann – wie wir wissen – gar nicht anders. Er »belohnt« solche Mutter zwar mit Anerkennung und vor allem mit Anhänglichkeit, aber gleichzeitig verachtet er sie und wirft ihr vor (mit Recht), ihn kaputtzumachen.

Manche Drogenkarriere wäre schon früher abgebrochen, manche gar nicht in Gang gekommen ohne solche »liebevolle

Hilfe«. Das beginnt mit dem – über normales Wecken hinausgehenden – Überreden zum Aufstehen, mit dem Zur-Schule-Locken, mit Tricks und allen möglichen Bestechungen. Da werden Entschuldigungen geschrieben, Lehrer und Polizei beschwichtigt, Schulen gewechselt, neue Anfänge gesucht, Chancen eröffnet. Selten wird bedacht, daß damit eine sehr schlimme Rückwirkung verbunden ist: Der Konsument wird davor bewahrt, die Konsequenzen des Drogenkonsums selbst zu spüren. Er erlebt die Euphorie, das Gefühl, besser, intelligenter, freier zu sein und schert sich einen Dreck um seine Zukunft. Sein Elitebewußtsein beansprucht immer neue Extras.

Wieviele von uns Eltern haben später, wenn sie begriffen, daß es um Leben oder Tod ging, einsehen müssen, wie unwichtig ein Zeugnis, ein Wiederholungsjahr, ja sogar ein verpaßter Abschluß gegenüber einer früheren Einsicht gewesen wären. So, wie der Suchtkranke das Gefühl, sich nicht mehr im Griff zu haben, verdrängen kann, solange er uns im Griff hat, so kümmert er sich nicht um sich, solange wir uns kümmern.

Eine junge Konsumentin schrieb mir:

»Vor zwei Jahren rauchte ich zum erstenmal Haschisch. Ich verkehrte mit Leuten, die es regelmäßig taten. Während dieser Zeit war ich in meiner braven bürgerlichen Schulklasse zum Außenseiter geworden. Ich saß meine Stunden ab, traf mich dann mit..., mit den anderen, mit dem ›Kreis‹ in einer Bar. Sie waren älter als ich, die meisten, und sie akzeptierten mich. Damals war ich 15 Jahre. Ich dachte, ich sei reifer. Wahrscheinlich war ich es auch. Ich weiß es nicht. Reife ist ein ziemlich relativer und vager Begriff. Mit diesen ›anderen‹ lernte ich einen Haufen Sachen. Solange ich bei denen war, dachte ich auch, es sei ja ganz schön, herumzuflippen und high zu sein. Aber nachher? Ich sehnte mich einfach auch nach einem bürgerlichen, ruhigen Leben.

Ich kämpfte mit mir jeden Samstag. Sollte ich rauchen oder nicht? Da kam etwas anderes dazwischen letzten Sommer: Die Sache flog auf, und ich geriet auch hinein. Ich bekam Ärger mit der Polizei, mit der Schule, daheim auch. Meine Eltern hatten nichts davon gewußt, bis dahin. All das brachte die Drogenkonsumenten etwas näher zusammen, der Bruch zwischen uns (ich zählte mich nun auch dazu) und denen, die Rauschgift nur vom Hörensagen kennen, wurde größer, aber nun wurde mein Kampf etwas leichter: Würde ich wieder Haschisch rauchen und entdeckt werden, würde ich aus der Schule fliegen. Und das wollte ich nicht. Ich muß zugeben: Wäre die ganze Affäre nicht aufgeflogen, ich hätte wieder angefangen, hätte mich deswegen verachtet und hätte wahrscheinlich noch zu anderem gegriffen.

Ich habe nie wieder mit meinen Eltern darüber gesprochen. Sie haben immer versucht, mich in einem Glaskasten großzuziehen, und als sie gemerkt haben, daß ich den Glaskasten gesprengt habe, waren sie schockiert und enttäuscht und haben den Glaskasten wieder zusammengeklebt. Und jetzt scheint es mir, als ob wir die Rollen vertauscht hätten. Jetzt bin ich es, die sie vor jedem neuen Schock bewahren möchte ..., und manchmal tun sie mir leid ...«

Eine Mutter schreibt:

»Bedauerliche Vorfälle in der Schule, Inges (15 Jahre) immer nachlässiger werdende Arbeitshaltung, Schlaflosigkeit und ihr ewiges Unterwegssein machten uns bedenklich. Sie bildete sich ein, versagt zu haben, und sprach auch von Selbstmord. Wir versuchten immer wieder, ihr Halt in der Familie zu geben. Sie zeigte auch durchaus positive Verhaltensweisen, so spielte sie z. B. Schlagzeug in der Schulband. Sie hatte ihre Freiheiten, aber wir mußten ja auch Grenzen setzen; da gab es immer wieder Reibungspunkte. Sie wäre am liebsten ausgezogen, sogar zu einem Jungen, von dem wir einen Brief haben, in welchem er zugibt, auf den Strich gegangen zu sein und Heroin geschnieft zu haben. Wir hatten große Angst, aber ich sprach offen mit Inge über das Thema Drogen, auch über eine eventuelle Therapie in einem guten Heim. Ich wußte auch, daß ihr jemand in Hamburg Opium gegeben hatte; sie war zweimal nachts weg. Dann wurde hier im April ein Haus besetzt. Inge kam dreimal nachts nicht nach Hause, und wir wußten nicht, wo sie war. Einer Freundin von uns, die sich seit langem um Inge bemüht, sagte sie, daß sie dort unheimlich viel gehascht hätte. Dort lernte sie junge Männer kennen, die sie stark beeinflußt haben müssen. Besonders zugetan war sie einem 18jährigen, der angeblich von seinen Eltern hinausgeworfen worden war und die Lehre ›geschmissen‹ hatte. Mein Mann unterhielt sich mit ihm und noch einem Hausbesetzer die halbe Nacht, um Inge das Gefühl zu geben, daß wir uns nicht von vornherein solchen Typen verschließen.«

Ein Elternpaar:

»Im Frühjahr 1976 mußte er wegen Haschisch das Gymnasium verlassen und erhielt eine einwöchige Jugendstrafe. Wir haben auf seinen Wunsch hin nach monatelangem Suchen ein Gymnasium gefunden, das ihn aufnahm. Dort stellten wir fest, daß er häufiger Drogen nahm, dies jedoch damals abstritt. Nach

einem Jahr verließ er das Gymnasium mit der mittleren Reife. Was er nun machen wollte, wußte er nicht. Ingo war nie ein guter Schüler, er hatte bis daher nie schulische Erfolge. Auch hatte er unserer Meinung nach nie einen wirklich guten Freund, obwohl er auch mit Jungen aus unserer Nachbarschaft freundschaftlichen Kontakt hatte.

Gemeinsam mit unserer Tochter (sie ist vier Jahre älter als er) haben wir versucht, ihn für die verschiedensten Berufsausbildungen zu interessieren. Nichts. Er wollte sich erst einmal ausruhen. Angeblich will er nicht so werden wie wir Spießer. Man wird ja doch nur belogen, für blöd verkauft und ausgenutzt. – Er blieb also zu Hause, lag lange im Bett und unternahm nichts, um den damaligen Zustand zu ändern. Sein Taschengeld setzte er mehr und mehr in Schallplatten um. Mit unserer Hilfe gingen dann endlich einige Bewerbungen heraus, die aber nur Absagen zurückbrachten. Zwischenzeitlich wurde er wieder straffällig, tauchte einmal in Frankfurt unter und begann schließlich ein hauswirtschaftliches Praktikum in einem Altersheim. Dort fühlte er sich anfangs sehr wohl, die alten Leute und das Personal mochten ihn; dann ließ seine Begeisterung jedoch schnell nach. Er hatte neue ›Freunde‹ kennengelernt, unter anderem auch seine Freundin. Ingo hat sein Praktikum mit Hängen und Würgen zu Ende absolviert und dann auf eigenen Wunsch eine Krankenpflegehelferausbildung begonnen. Wir hatten ihm eine kleine Wohnung besorgt, und zunächst lief auch alles relativ gut. Zum ersten Mal hatte er in der Schule Erfolg, er gehörte zu den Klassenbesten. Durch einen Armbruch und die Auflösung seiner Freundschaft zu seiner Freundin (wie er sagte, lag es an seinen Drogen), konnte er nicht zur Arbeit gehen, um seine begonnene Ausbildung zu beenden. Er will und wollte nämlich Altenpfleger werden. Hinzu kamen die Gerichtsverhandlungen, und er sackte von heute auf morgen stark ab. Inzwischen nahm er auch Tabletten (davon ist er jetzt allerdings frei) und gelegentlich mal einen Trip (LSD). Seine Strafe wurde bis zur Beendigung seiner Berufsausbildung aufgeschoben.

Ingo entschloß sich auch zu einer Entziehungskur, die mit Hilfe der Drogenberatung bewilligt wurde. Die acht Tage körperlichen Entzug hat er auch durchgestanden. Der Beginn der Therapie scheiterte dann hauptsächlich daran, daß er sich die Haare hätte schneiden lassen müssen. Wir holten ihn ab. Seit gut sechs Wochen hängt er nun wieder zu Hause herum. Bis mittags liegt er im Bett, hört Musik oder liest ein bißchen. Er interessiert sich für Indianer. Wenn er Lust und Appetit hat, ißt er etwas, jedoch kaum. Meistens geht er dann weg und kommt spät wieder. Sehr oft wird er von seinem Vater abgeholt, nachdem er angerufen hat.

Wir versuchen es mit Liebe und inzwischen auch mit mehr Strenge. Wir versuchen Gespräche mit ihm. In seiner Wohnung ließen wir ihn auch gewähren, schauten jedoch gelegentlich nach dem Rechten, nachdem wir häufig von Nachbarn und dem Hausbesitzer Beschwerden bekamen (Musiklärm, Typen, ...)

Seit Ingo zu Hause ist, badet er auch öfter. Er isoliert sich jedoch mehr und mehr, auch von seinen ›Freunden‹. Hin und wieder hat er Kontakt zu Ausländern. Der Verwandtschaft gegenüber hat er sich jedoch völlig abgekapselt.

Gelegentlich hat er auch ergreifende Gefühlsausbrüche. Er weint dann heftig, weil, wie er sagt, er weder ein noch aus weiß. Er klagt über Schmerzen und darüber, daß er alles vergißt (er läßt Ausweis und Geld im Plattengeschäft liegen, verändert irgend etwas in seinem Zimmer und weiß dann von nichts mehr). Andererseits bricht er auch in Wut und Aggression aus. Dann schmeißt er mit allem, was ihm gerade in die Hände fällt.

Unser Sohn wirkt nicht wie ein 22jähriger, er ist sehr schmal, hat schulterlange Haare und kleidet sich auffällig (Ketten, ...). Mit seinem Hausarzt und der Drogenberatungsstelle haben er und wir Kontakt. Er will ja eine Kur machen. Sein Strafaufschub ist längst abgelaufen, und der Haftbefehl schwebt über ihm. Unser Sohn muß eine mindestens 18monatige Therapie machen, damit er nicht ins Gefängnis braucht, denn wir glauben nicht, daß die Gefängnisstrafe ihm irgendeine Hilfe ist. Im Gegenteil, sie würde alles wohl noch schlimmer machen. Seinen körperlichen Entzug will er nicht mehr in einer Nervenklinik bei Geisteskranken machen, und auch das Haareschneiden empfindet er als Eingriff in seine Persönlichkeit. Dann ist er nicht mehr er, sagt er.

Wir sind wirklich inzwischen verzweifelt und hilflos und wissen nicht, wie wir unserem Sohn weiterhelfen können. Nie hätten wir daran gedacht, daß es so werden würde und daß es so etwas gibt, wo er doch auf eigenen Wunsch hin mit der Entziehungskur begonnen hatte, und jetzt...? Seit Ingo aus der Klinik zurück ist, hat sich sein Zustand sehr verschlechtert. Die kleinste Kleinigkeit bringt ihn fast zur Verzweiflung. Wir wissen auch nicht weiter. Er will ja eine Kur machen, aber das dauert so lange, bis die Zusage für eine neue Kur da ist, und dann? wohin? Welcher Therapie-

platz ist für ihn geeignet? Nach... will er nicht mehr. Ins Gefängnis erst recht nicht, da will er lieber sterben.

Wie können wir unserem Ingo weiterhelfen? Es ist dringender als dringend.

Unsere jetzige Situation, Gedanken, das Nicht-Wissen, wo und wie helfen zu können, das alles zermürbt uns mehr und mehr.«

Es sind aber nicht nur die Eltern, die falsche Hilfe leisten:

»Wir brauchen einen Rat, denn wir selber haben in der Sache schon so viel getan, vielleicht manchmal nicht das Richtige, aber jetzt wissen wir nicht weiter.

Unser Sohn ist drogenabhängig. Ersparen Sie uns, auf Vorgänge, Ursachen und alles Drum und Dran einzugehen, es würde ein Brief, der wahrscheinlich vielen anderen gleichen würde. Nur kurz, wir haben vier Kinder, er ist das jüngste. Schulschwierigkeiten, labil, bockig – die anderen waren zu leiten, zu führen, sind im Berufsleben. Er hatte eine Lehre bei der Post, war nicht, wie man so schön sagt, ›tief genug im Schmutz‹, immer wieder war jemand da, der ihm geholfen hat.«

Einer Schulschwester schrieb ich:

»Eine weitere Vermutung bestätigte sich mit Eingang der ›Drogenanalyse‹. Lisa ist – zumindest Ihnen gegenüber in ihren Angaben – eine Simulantin. Sie spielt sich mit dem vorgegebenen Drogenkonsum und ihrer ›Abhängigkeit‹ in die Position, die sie für sich erstrebt.

Ich fürchte, das Mädchen hat Sie in krankhafter Egozentrik in der gleichen Weise mißbraucht. Ihre ernsthaften Bemühungen zu verstehen, zu halten, zu fördern und sich mit ihr auseinanderzusetzen, sind ihr nur Mittel zur Erregung von Aufmerksamkeit und Möglichkeit gewesen, Macht über andere auszuüben. Sie sollten, bevor sie mit Lisa darüber sprechen, jedoch unbedingt Kontakt zu einem (Jugend)Psychiater aufnehmen, denn es scheint sich um krankhaftes Verhalten zu handeln. Außerdem ist die Gefahr, daß Lisa bei Entdeckung das bisher Simulierte realisiert, sehr groß.

Auf keinen Fall sollten Sie noch weiterhin mit ihr über Drogen, Abhängigkeit, Drogenwirkungen, Drogenerlebnisse usw. sprechen. Wenn das Mädchen wirklich Drogenkontakte hat, so werden diese dadurch nur verstärkt, und wenn sie Simulantin ist, so wird sie darin erst recht hochgespielt.

Eine Zwanzigjährige, die Ihnen damit droht, auf den Strich zu gehen, wenn Sie sie nicht daran hindern, lebt offensichtlich in einer Phantasiewelt, aus der sie ›wie aus dem Nähkästchen‹ plaudert und es genießt, die Zuhörende zu schocken.

Nutzen Sie Ihren Vorsprung an Vertrauen, den Sie gegenüber den Eltern noch haben, um das Mädchen zu einem Facharzt zu bringen, und sei es wegen der ›Drogenabhängigkeit‹.«

Doch wie soll eine Familie aus dem Würgegriff der Angst, daß es immer noch schlimmer wird, herausfinden?:

Eine Mutter:

»In dieser Zeit war ich fast am Ende aller Kraft, voller Verzweiflung und Schmerz. Ich konnte nichts mehr essen und nahm 12 Pfund ab. Es kam ein Anruf von einem 16jährigen Jungen. Er sagte, Ingrid lebe mit Rauschgiftsüchtigen in einer Ruine in der Nähe seiner Wohnung. Er habe Ingrid kennengelernt und sie habe ihm leidgetan, sie passe nicht zu den Süchtigen. Er habe heimlich ihren Paß nachgesehen und die Telefonnummer besorgt. Ingrid wolle nicht nach Hause, die Freiheit sei so schön, sage sie, obwohl sie nach Mutter und Hund schon Sehnsucht gehabt habe. Nach einigen Telefonaten mit dem Jungen und dessen Mutter ging die Mutter zur Polizei, und die rief uns nach einer Razzia an, daß wir Ingrid abholen könnten. Wir waren überglücklich und nahmen sie sehr liebevoll auf. Mein Ältester kaufte ihr eine Stereoanlage.

Ingrid hatte ›Freakkleidung‹ an. Wir kauften neue Sachen. Sie räumte ihr Zimmer fast aus, nahm die Vorhänge und Bilder ab und schlief auf der Erde. Sie lag oft auf der Erde und starrte an die Decke. Nach acht Tagen wollte sie wieder zur Schule gehen. Wir stellten ihr frei, ob sie zurück ins Gymnasium, zur Realschule oder zur Grundschule wolle. Sie ging in ihre alte Klasse ins Gymnasium zurück. Lehrer und Schüler waren sehr tolerant ihr gegenüber.

Aber es klappte nichts mehr. Ingrid machte keine Aufgaben, machte sich oft Freistunden und kam und ging, wie es ihr paßte. Im Zeugnis im Februar hatte sie sechs mal eine fünf an Noten. Seit sie wieder hier ist, kam sie dreimal nachts nicht nach Hause.

Wenn sie jemand trifft, der ihr Haschisch gibt, geht sie mit. Sie ist sehr labil. In den Wochen, als sie weg war, hatte sie täglich Haschisch und oft LSD und andere Tabletten. Sie sagte mir neulich: »Wenn ich nicht auf den Strich gehen müßte, hätte ich schon Heroin.« Sie spricht mit mir über ihre Probleme und daß sie weg von den Drogen will, daß sie es aber nicht schafft. Sie trifft sich einmal in der Woche mit Mädchen aus der alten Klasse des

Gymnasiums, und das ist sehr schlecht. Einige haben Drogenerfahrung und gehen nachts aus. Eine hat einen schwarzen Soldaten als Freund und ›organisierte‹ für Ingrid auch einen aus der Kaserne. Nur durch lange Gespräche und viel Überredungskunst gelang es uns, sie davon abzuhalten, mit den Amerikanern auszugehen. Das ist alles sehr zermürbend und bringt fast keine Ergebnisse. Die Nerven sind in einer dauernden Anspannung. Es ist wirklich fast unmenschlich, jeden Tag aufzupassen und zu verhindern, daß einem die Tochter nicht ›untergeht‹. Die ganze Familie leidet. Tag und Nacht drehen sich die Gedanken um sie.«

Zum 6. Gebot:

Wenden Sie sich dagegen wieder mehr Ihren eigenen Interessen und denen der übrigen Familie zu. Es wird dem Abhängigen schmerzhaft deutlich machen, wie sehr die Droge ihn isoliert.

»Tag und Nacht drehen sich die Gedanken um sie.« Unser ganzes Interesse geht nur noch dahin, den Niedergang dieses Kindes aufzuhalten, es zu retten. Wir haben außerdem auch zu nichts mehr Lust, sind viel zu erschöpft, innerlich zu wund, irgend etwas noch schön zu finden, was uns früher mal erfreute.

Gerade in diesen Sog der Sucht zum Negativen, in all die Traurigkeit, die ein Leben ohne Suchtmittel wertlos und sinnlos erscheinen läßt, dürfen wir uns nicht hineinziehen lassen! Die Gefahr, dann selbst auch ganz schleichend mit irgendwelchen Mitteln – zur »Spannungslösung«, zur »Beruhigung«, zum »Endlich-mal-Schlafen« – zu beginnen, ist groß.

Antoine de Saint-Exupéry läßt seinen »kleinen Prinzen« einem Säufer begegnen:

»Was machst du da?« fragte er den Säufer, den er stumm vor einer Reihe leerer und einer Reihe voller Flaschen sitzend antraf.

»Ich trinke« antwortete der Säufer mit düsterer Miene.

»Warum trinkst du?« fragte ihn der kleine Prinz.

»Um zu vergessen«, antwortete der Säufer.

»Um was zu vergessen?« erkundigte sich der kleine Prinz, der ihn schon bedauerte.

»Um zu vergessen, daß ich mich schäme«, gestand der Säufer und senkte den Kopf.

»Weshalb schämst du dich?« fragte der kleine Prinz, der den Wunsch hatte, ihm zu helfen.

»Weil ich saufe!« endete der Säufer und verschloß sich endgültig in sein Schweigen.

Und der kleine Prinz verschwand bestürzt.

Hat der Suchtkranke am Ende schon recht, wenn er uns verhöhnt: »Ihr seid ja genauso kaputt wie ich, euer Leben ist ja noch beschissener, denn ihr habt noch nicht mal ein ›high‹. Dann lieber mit Drogen ein kurzes Leben als so wie ihr...«

Eine einfache, aber wie ich heute weiß, sehr kluge Frau, die in unserem Haus wohnte, zeigte mir den Weg aus dieser scheinbaren Ausweglosigkeit. Eines Tages – sie hatte eine wunderschöne und volle Altstimme – hörte ich sie schon am Morgen fröhliche Lieder singen. Als ich sie im Vorbeigehen traf, sprach ich sie an: »Na, Ihnen geht's aber gut heute!« Sie schaute mich an, als müsse sie einen Moment überlegen, ob ich auch fähig sei, sie zu begreifen, dann bat sie mich in ihre Küche.

»Mein ältester Sohn ist Alkoholiker.« Sie erzählte mir zum erstenmal von ihm. »Er hat einen Selbstmordversuch gemacht – wegen seiner Schulden –, und das habe ich heute morgen erfahren. Ich muß hin, aber ich könnte es nicht durchstehen, wenn ich mich hängen lasse. Wenn ich singe, wackelt meine Stimme zwar erst noch, aber ich gewinne Kraft, und wenn ich fröhliche Lieder singe, dann kann ich nicht mehr so traurig sein.«

In einem atemtherapeutischen Training sehr viel später, zeigte man uns Ähnliches: Wer die Schultern nach hinten und, den Kopf hochnimmt, dann tief durchatmet, kann nicht mehr weinen – und wer zusammenkriecht, den Kopf geneigt zwischen die Schultern zieht, kann nicht lachen. Wir haben keinen Körper, sondern wir *sind* ein Körper! Wenn, wie es heute zunehmend erkannt wird, geistig-seelisches Geschehen den Körper krank machen kann, dann muß es uns auch umgekehrt möglich sein, über das Äußere nach Innen zu gelangen.

Wir wollten aus dem Teufelskreis der Lebensverneinung heraus. Um unserem Sohn helfen zu können, mußten wir »Beweis« werden, »Beispiel«, daß Leben sich lohnt, Erwachsensein schön ist und daß Freisein auch heißt, sich jederzeit verändern zu können.

Es ist für den Abhängigen von dem Moment an, da er zum ersten Mal spürt, daß er sich selbst wohl doch nicht mehr so im Griff hat, sehr wichtig, sich seine »Willensstärke« ständig zu beweisen. Diese »Willensstärke« ist ihm der Boden unter den Füßen und die Grundlage seines Glaubens, doch noch »jederzeit aufhören zu können«. So gleicht er den Verlust an Selbstbestimmung geradezu zwanghaft durch zunehmende Beherrschung aller ihm Nahestehenden aus. Er ist so »willensstark«, daß er die Angehörigen wie Marionetten tanzen lassen kann. Er bestimmt, wie wir uns fühlen, ob wir weinen oder lachen, ob wir uns vertragen oder streiten. Er – der uns »Überlegene« – der Regisseur des Familientheaters. Das Ensemble darf nicht länger mitmachen! Es sollte sich schnellstens um ein anderes, ihm selbst gemäßeres Repertoire bemühen. Die Zeit der Horrordramen muß überwunden werden! Es ist immer wieder überraschend, wie fassungslos, ja geradezu empört der Suchtkranke reagiert, wenn er merkt, daß ihm die Macht entgleitet. Es ist aber ebenso erstaunlich, wie schnell und wie gut wir verinnerlichen, was erst nur aufgestülpt, von der Vernunft befohlen schien. Hatten wir noch bei unserem ersten Versuch, unser Schneckenhaus zu verlassen, beim Ankleiden vor dem Spiegel gesessen und gemeint, das ganze Theater sei sinnlos, die Vorbedingungen zu dem, was uns früher interessiert hatte, seien eben nicht mehr gegeben, so erlebten wir im Konzert, im Theater und bei Freunden dann doch Minuten, in denen wir alles Leid vergaßen. Wir hörten uns selbst wieder einmal lachen, wir nahmen wieder wahr, was um uns herum geschah. Wenn dann auch noch eines der anderen Kinder so eine Bemerkung macht wie unser Jüngster: »Ich hab' gar nicht gewußt, daß ihr so gut aussehen könnt, wenn ihr mal lustig seid«, dann ist der Durchbruch geschafft. Das Leben, unser Leben, hat uns wieder. Mütter, aber auch Väter, sollten oft in den Spiegel sehen. Was ihnen dort entgegenblickt, ist es die Alternative oder ein Grund mehr, zum Suchtmittel zu greifen?

Es ist schwer, den Umweg über die eigene Lebensqualität, den eigenen, vielleicht neuen Lebenssinn zu gehen, wenn solche Not herrscht, wie diese Mutter sie beschreibt:

»Sie ist drogenabhängig, spritzt seit ungefähr einem halben Jahr Heroin. Vor fünf Wochen wurde sie zwangsweise in ein Krankenhaus eingewiesen, dort ist sie heute noch. Sie sieht zwar inzwischen ein, daß der Entzug nur durch Zwang und Eingesperrtsein möglich war, zeigt aber keinerlei Bereitschaft zu einer Therapie. ›Ich will nicht mehr und schaffe es somit alleine.‹ Nun ist es in dieser Klinik nicht möglich, sie zu einer Therapie zu behalten, außerdem wird sie in 14 Tagen volljährig. Ich ver-

zweifle fast und wende mich darum in meiner großen Not an Sie. Bitte sagen Sie mir, ob es wirklich keinen anderen Weg gibt, als zusehen zu müssen, wie sie wieder und wieder in den tiefsten Schmutz fallen muß, um so zu einer Therapie motiviert zu werden. Unterlassene Hilfeleistung bei einem Verkehrsunfall ist strafbar, warum nicht in solchen Fällen? Es ist doch auch eine Krankheit und auch nicht mutwilliger herbeigeführt als mancher Verkehrsunfall.

Wie könnte ich mich als Mutter je rechtfertigen, wenn ich zusehe, wie meine Tochter sich systematisch umbringt.

Wenn Sie noch einen anderen Weg sehen, bitte, lassen Sie es mich bald wissen. Ich habe keinen Mann, keine anderen Kinder. Meine Tochter Monika ist wirklich das Einzige und Liebste für mich, ich gebe gerne alles, was ich habe, auch finanziell.«

Wie hilfreich wäre es für diese Mutter, in einem Elternkreis Kontakt zu haben zu solchen Eltern:

»Mit Ihrem Büchlein ›Durchblick‹ und mit Gottes Kraft haben wir es geschafft, wieder eine glückliche und gesunde Familie zu sein. Wir hatten noch einige Monate sehr schwer zu kämpfen. Tage und Nächte habe ich das Buch durchstudiert, um zu verstehen und danach positiv zu handeln. Manchmal war ich nahe der Verzweiflung, aber mein Glaube erlaubte mir nie, aufzugeben. Ich konnte nicht mehr essen und habe acht Kilo abgenommen, aber innerlich blieb ich stark.

Und dann kam die Erlösung!

Pierre wurde wieder fröhlich und heiter. Interessiert am Leben und an seiner Umgebung. Vater und Sohn haben sich nun auch endgültig kennen- und schätzengelernt. Die ganze Familie ist glücklicher und bewußter geworden.«

Zum 7. Gebot:

Sprechen Sie in seinem Beisein miteinander über Ihre Erlebnisse, Erkenntnisse, Empfindungen, über Freuden oder auch Schwierigkeiten, wenn nicht mit ihm, so doch wenn er dabei ist; er hört mehr, als er zugibt.

Gerade diesem Rat liegt sehr viel konkrete Erfahrung zugrunde. Der Drogennehmende scheint uns gegenüber oft schon von Beginn seines Konsums an – wenn er direkt angesprochen wird – unwillig, ablehnend und geradezu blockiert zu sein. Andererseits ist er, wie wir wissen, durch die drogenbedingte Überreizung seiner Sinne an sich übersensibilisiert. Ständige Beobachtungen machten uns klar, daß er vor allem seinen nächsten Angehörigen und anderen für ihn Mitverantwortlichen (z. B. Vertrauenslehrer) gegenüber verschlossen ist. Er erwartet Ermahnungen, Warnungen und Versuche, ihn von der Droge und der Drogengruppe zu trennen. Erstaunlicherweise ist derselbe junge Mensch aber Dritten gegenüber manchmal sehr aufgeschlossen, ja, er fällt wegen seiner besonderen Feinfühligkeit und Ansprechbarkeit sogar auf. Seine – an sich zutreffende – Erwartung an uns ist es also, die ihn für uns und unser Bemühen verschließt. Es ist auch gar nicht möglich, diese Sperre zu lösen. Aber es gibt Wege, sie zu umgehen. Vermeiden wir also lieber, ihm das, was wir sagen wollen, direkt ins Gesicht zu sagen, suchen wir Umwege zu seiner Seele.

Es ist im Zusammenleben mit Suchtkranken sowieso sehr wichtig, ihrer Erwartung an uns – im positiven Sinne – nicht zu entsprechen. Sie können um so leichter mit uns »spielen«, je besser sie schon im voraus wissen, wie wir reagieren. Wir dürfen sie vor allem nicht Mittelpunkt unseres Lebens sein lassen. Jedenfalls nicht für sie spürbar.

Wann immer sich die Gelegenheit ergibt, sollten wir untereinander das besprechen, was für unsere Problemkinder gut wäre zu hören. Es muß uns genügen, daß sie in Hörweite sind. Da wir uns sowieso abgewöhnen müssen, den Erfolg unserer Worte und Taten sofort zu erleben, wird es uns auch immer leichter fallen, selbst ganz dringende, ganz wichtige Mitteilungen so beiläufig wie möglich an sie zu richten: »Ach übrigens – was mir gerade einfällt – du bist schon so vergeßlich geworden, daß du sogar...« Es ist wichtig, nach einer solchen kurzen Hinwendung sich wieder schnell und konzentriert den eigentlichen Gesprächspartnern zuzuwenden. Wenn ein Gespräch über Drogen geführt wird und der Konsument stößt dazu, lassen wir das Thema spürbar fallen und wenden uns anderen, unverfänglichen Dingen zu. Bringt er selbst einen Zwischenruf oder eine Bemerkung in unser Gespräch ein, sollten wir sehr geschickt versuchen, ihn »draußen« zu halten, auf morgen zu vertrösten, evtl. mit dem Hinweis, später noch mal mit ihm gemeinsam darüber reden zu wollen.

Es geht nicht darum, über Drogen zu sprechen. Vor allem sollten wir über das reden, was wir – im Gegensatz zum Konsumenten – mit vollem Bewußtsein erleben. Drogenerlebnisse – so schön und intensiv auch immer sie gefühlt wurden –

sind beschränkt auf die Zeit der akuten »Wirkung«. Durch die mit dieser wiederum verbundene Vergiftung und Beeinflussung der Hirnchemie sind sie aber nicht speicherbar, *nicht erinnerbar.* Drogenerlebnisse verlöschen also, lassen sich nicht mitteilen, nicht miteinander verbinden, nicht aufeinander aufbauen, nicht wieder hervorholen, wenn man sie nochmal durchdenken will. Was immer Konsumenten von Drogenwirkungen erzählen – es ist ihnen vorher schon einprogrammiert aus der ja mitgelieferten Pro-Drogenliteratur, aus subkulturellen Schriften, ist aus Fernseh-, Film- und Jugendpressedarstellungen entnommen oder gar aus sogenannter »Aufklärung« mit eher stimulierend wirkender Beschreibung. Dem einzelnen Drogenkonsumenten mag man seine »Erlebnisse« ja noch abnehmen – und er ist dem Zuhörer dankbar für solche »Verstärkung«. Wenn man aber viele gehört hat, ist die Stereotypie der geschilderten Visionen erschütternd.

Lassen Sie einmal zwei Kinder das gleiche, bewußte Erlebnis schildern; Sie bekommen zwei sehr individuelle Berichte. Zeugenaussagen leiden unter dieser Unterschiedlichkeit des Erlebens von gleichen Situationen. Hören Sie aber zehn oder hundert Drogenkonsumenten zu, die von ihren – wie sie selber fest glauben – »einmaligen Drogenerlebnissen« erzählen, so wird ihre Gleichheit Sie langweilen. Sie sind – weil Realität und Umwelt ausgeblendet werden – jeweils aus dem zusammengesetzt, was die Droge hirnintern an Vorhandenem, Vorgefertigtem aktiviert. Gleichzeitig werden die Gefühlszentren stimuliert. Es ist dann der vor allem gesuchte Reiz, daß das Hirn unter »Wirkung« nichts nach Sinn und Wert, d.h. nach »normalen« Kriterien ein- oder zuordnet, sondern willkürlich verknüpft, »frei assoziiert«, entsprechend den jeweiligen chemischen Wirkungsweisen auch sperrt oder umleitet.

Darum haben uns Abhängige später auch mehr von ihrem Gefühl, »etwas verloren zu haben«, »sich wie in den Wind gesät vorzukommen«, »sich wie ein Sieb zu fühlen«, »innerlich leer zu sein, wie eine hohle Nuß« berichtet. Sie hatten das »Glück« konsumiert und wurden unglücklich, sie füllten sich mit »intensivsten Erlebnissen« und wurden erlebnisunfähig und leer, sie wollten ihr Bewußtsein erweitern und gerieten in die Sackgasse immer enger werdender Bewußtseinssubstanz. Sie wollten aussteigen aus der Massen- und Konsumgesellschaft, frei sein von deren Zwängen und gerieten in die totale Konsumabhängigkeit, stiegen ein in ihre schlimmste Form von Vermassung, unterlagen dem Zwang des Drogenmarktes.

Rainer Kranich beschreibt das in dem Büchlein von Irmgard Buck, »Trug der Drogen«, als »Nachruf auf die Drogenwelt«, indem er mehrere Phasen des Drogenerlebens nennt.

Der Einstieg, mit völlig ungeahnten Wahrnehmungen und Empfindungen von sich selbst, der Welt und der Beziehung beider zueinander, sei begleitet von starkem Glücksempfinden, von Erlebnishunger und Entdeckerfreude.

Danach komme eine Phase des Wiedererkennens dieses Erlebens in vielen anderen Menschen und das Gefühl, zum ersten Male einen Menschen wirklich zu sehen.

In der letzten Halluziogen-Phase verliere sich dann das Empfinden und Wahrnehmen wirklich im Unendlichen. Die Erfahrungen würden immer phantastischer, großartiger, gleichzeitig aber immer dürrer, der Einsatz höher. Die Verbindung zu den Menschen würde nicht gelöst, aber das Gegenüber wäre plötzlich Lichtjahre entfernt. Zwar verbliebe eine Ahnung von etwas Gewesenem, aber der innere Kontakt sei nicht mehr herzustellen. Eine völlige Leere bemächtige sich der inneren Gefühlswelt. Hier griffen dann viele zur Spritze, meint Kranich, weil sie nur noch fühlen, daß ihnen etwas verlorengegangen sei und daß das wieder aufgefüllt werden müßte, da man »ohne« es nicht leben könne. »Sie haben ja schon einmal das ›Glück‹ durch ›Einwerfen‹ bekommen, also geht man nun auf dem gleichen Weg weiter und spritzt es sich ein. Man verliert sich in dem System der unendlichen Möglichkeiten, in dem alle Türen geöffnet scheinen. Man ist aber gebannt durch die Macht des Sehens und hat nicht gelernt, zu *tun* und zu *sein.*«

Im gleichen Buch steht bei Ernst Benz unter der Überschrift »Christliche Mystik und Drogen-‹Mystik›«: »Das dominierende Erlebnis ist, im Verlauf dieser ›Reise‹ in eine phantastische Welt tönender Farben, duftender Bewegungen und leuchtender Töne, zeitloser Kristallformen und rasender Abstürze durch Äonen einzutreten, ein Erlebnis, das die Illusion weckt, in einem grenzenlosen Universum die wahre ›Wirklichkeit‹ berührt zu haben.« Er beschreibt das Gefühl einer Allmacht, einer souveränen Überwindung aller materiellen und raumzeitlichen Hindernisse bis hin zu einem Erlebnis intellektueller Euphorie. Das Rätsel des Lebens scheine gelöst zu sein. Nach dem Rausch aber bleibe nur eine vage Erinnerung, ein psychischer Katzenjammer; die angebliche Erkenntnis des Weltgeheimnisses erweise sich als ein banaler Satz etwa des Inhalts: »Ich bin Gott.«

»Das pseudoreligiöse Drogen-Erlebnis spielt sich also im Bereich der Erfahrung einer ungewöhnlichen Aktivierung der Sinne und einer ungewöhnlichen damit verbundenen euphorischen Gefühlserhebung ab, die eine göttliche Allmacht vortäuscht.« Diese Erfahrungen hätten jedoch keine Folgen für das Bewußtsein selbst, so daß sie höchstens bei oberflächlicher Betrachtungsweise mit echten religiösen Transzendenzerlebnissen verglichen werden können.

Und Benz findet ein prosaisches, aber gutes Gleichnis, wenn er mit zwei Beispielen diesen Fehlschluß verdeutlicht. Lachen könne eine tiefe, befreiende, geistig schöpferische Wirkung haben, wenn es echtem Humor entspringe. Man könne aber Lachen auch dadurch hervorrufen, daß man jemand an der Fußsohle kitzele. »Der mechanische Reiz bringt hier dieselbe physische Reaktion des Lachens hervor, ohne daß diesem die Bedeutung einer befreienden Wirkung des Humors im Bereich des Physischen, des Seelischen und Geistigen zukommt.«

So gäbe es Fälle, wo fremdes Leid einen zum Weinen bringe. Diese Tränen könnten Ausdruck einer tiefen Ergriffenheit unserer Persönlichkeit sein, die zu einer neuen Lebenseinstellung führe. »Es treibt einem aber auch Tränen in die Augen, wenn man Zwiebeln schneidet. Beides ist ›Weinen‹, aber es wäre falsch zu sagen: man braucht nur Zwiebeln zu schneiden, um aufs innigste am Leid der Menschheit teilzuhaben.«

Dem Drogenkonsumenten seine innere Verarmung, seine Interesseneinengung, seine Einseitigkeit und seine Typisierung vorzuhalten, ist sinnlos. Er leidet zwar oft darunter, kann aber diese Entwicklung nicht erkennen, weil seine Einstellung zu Drogen und Drogenfolgen solche Erkenntnisse einfach nicht durchläßt. »Der Mensch lebt nicht aus der Realität, sondern aus der Einstellung, die er zu ihr hat«, sagt Jeanne Hersch, eine Schweizer Philosophin. Die Einstellung bestimmt, was wir vorrangig sehen, weil sie unsere Aufmerksamkeit, unser Interesse und unsere Wahrnehmungsbereitschaft lenkt.

Es ist darum viel sinnvoller, nicht darüber zu reden, was bei unseren Drogenkindern anders ist, sondern deutlich aufzuzeigen, mitzuteilen, spürbar wiederzugeben, *was wir erleben.* Der wunderbarste Vorteil bewußten Erlebens ist unsere Fähigkeit, es geistig zu wiederholen, es mit ähnlichen Erlebnissen zu verknüpfen, Schlüsse daraus zu ziehen und Überlegungen anzustellen, wie es anders hätte sein können. Vor allem sind solche Berichte sogar so zu gestalten, daß der Zuhörer mitfühlt, nachvollzieht, miterlebt.

Es ist sehr wichtig, immer wieder die Gelegenheiten zu nutzen, die eigentliche Wesensart, die früheren Begabungen und Stärken des Drogenkranken aufzuzeigen und nachzuweisen. Nie sollte resignativ angenommen – oder sogar ausgesprochen – werden, daß diese Möglichkeiten verloren seien. Tatsächlich sind sie vor allem überdeckt, in der Drogenzeit verkümmert und unterdrückt.

Eine ehemalige Fixerin schrieb mir:

»Wenn Sie damals nicht immer wieder davon gesprochen hätten, wie ich einmal war, welche Begabungen in mir verschüttet auf ein Wiederaufleben warten, ich hätte aufgegeben. Das Kind auf dem Foto war mir so fremd, so unerreichbar. Ich habe es aber immer wieder vor mir gesehen, wenn ich in den Spiegel geschaut habe, und nach Spuren in mir gesucht. Sie haben oft gesagt, die Drogen hätten mich von mir selber weggebracht, ein wenig verstand ich das jetzt. Ob ich mich wiederfinden könnte?«

Mein Sohn hatte eine Phase in seiner Abhängigkeit, da sah er allen Ernstes in seinem Vater einen Trinker, in seiner Mutter eine Furie. Seine ganze Kindheit schien ihm ein einziges – seinen Drogenkonsum vorprogrammierendes und erklärendes – Jammertal. Die Parallele bietet sich im Alkoholiker, der seine Frau beschuldigt, untreu, schlampig usw. zu sein. Widerspruch dagegen nützt ebensowenig wie die offensichtliche Realität. So schauten wir all die alten selbstgedrehten Filme noch einmal an, wenn er da war. Wir unterhielten uns viel über Erlebnisse in seiner Kinderzeit und überließen es ihm, sich mit diesen wiederbelebten echten Erinnerungen auseinanderzusetzen.

Zum 8. Gebot:

Stellen Sie seinem Konsum von künstlichen Erlebnissen Ihr wirkliches Erleben, seiner konsumierten »Kommunikation« echte Gemeinschaft gegenüber, statt darüber zu disputieren.

Ein wesentlicher und besonders die jungen Drogenkonsumenten sehr fesselnder Teil der »Scene« ist ihre Drogengruppe. Das in diesem Alter sowieso gegenüber der Familie wichtigere Gruppenbedürfnis, ihre natürliche Neigung zu Geheimbündelei und Kumpanei, zu scharfer Abgrenzung von den Erwachsenen, zu Improvisation und Verachtung des Fertigen, Geordneten, Festgelegten wird in der Drogengruppe voll befriedigt. Die Wirkung der Droge Haschisch sorgt dann durch Dämpfung von Ansprüchen aneinander und Stimulierung des Gefühls, einander zu verstehen und verstanden zu werden, für totales Geborgenheitsempfinden. Durch zunehmende Schwierigkeiten in allen anderen Lebensbereichen wird das noch erheblich verstärkt.

Dann sagen sie:

»Ohne die Drogen könnte ich ja auskommen, aber nicht ohne meine Freunde – sie sind mir wichtiger als alles auf der Welt.«

Es ist ihre echte, tiefempfundene »Wahrheit«, und daran werden weder unsere Zweifel noch konkrete Hinweise auf Widersprüche aller Art etwas verändern. Sie *können* nicht bemerken, daß ihre Drogengruppen keinerlei Weiterentwicklung durchmachen. Nur durch echte Auseinandersetzung, durch das Sicheinbringen jedes einzelnen und den Austausch der Verschiedenheiten; durch Gespräche, die aufeinander aufbauen, und durch gemeinsame Erlebnisse, die man miteinander bespricht, entsteht ein Vielfaches dessen, was dem einzelnen möglich wäre zu erleben. Erst Summierung und Erprobung verschiedenster Fähigkeiten machten Gruppe lebendig.

In der »Unendlichen Geschichte« beschreibt Michael Ende, wie Bastian sich einsam fühlt und wünscht, »zu irgendeiner Gemeinschaft zu gehören, aufgenommen zu sein in eine Gruppe, nicht als Herr oder Sieger oder überhaupt als ein Besonderer, sondern nur als einer unter anderen, vielleicht als der Kleinste oder am wenigsten Wichtige, aber als einer, der selbstverständlich dazu gehört und an der Gemeinschaft teilhat«. So, wie sich unsere Kinder eben in diesem Alter nach Gemeinschaft sehnen. Sebastian kommt zu den Yskálnari, der Name bedeutet »die Gemeinsamen«. Sie sind einander so ähnlich, daß er sie kaum unterscheiden kann. »Ihre Gesichter waren dunkelbraun wie nasse Erde und sahen sehr sanft und still aus. Wenn sie Bastian erblickten, nickten sie ihm zu, aber keiner redete ihn an.« Sie sind überhaupt sehr schweigsam, und eine andere Eigenart ist, daß man sie nie einzeln trifft, immer nur in Gruppen, die sich an den Händen halten. Das Wort »ich« ist ihnen unbekannt, sie sprechen immer nur von »wir«. Bastian erfährt das Geheimnis ihres Schiffsantriebes und ihrer Gemeinsamkeit: den Tanz und das wortlose Lied, und er wird einer der ihren.

»Es war eine ganz eigentümliche, unbeschreibliche Empfindung von Selbstvergessenheit und Harmonie, wenn er während des Tanzes fühlte, wie seine eigene Vorstellungskraft mit der der anderen zusammenschmolz und sich zu einem Ganzen vereinigte.« Er fühlt sich bald wirklich zu ihnen gehörig, und er vergißt nach und nach, daß er vorher Menschen gekannt hatte, die anders, eigenständig waren. Nur das Bild seiner Eltern und seines ehemaligen Heimes verschwindet nicht völlig. Als Bastian dann aber genauer hinsieht, merkt er, daß bei den Yskálnari nicht etwa verschieden geartete Vorstellungsweisen harmonisch zusammenklingen, sondern daß sie tatsächlich völlig gleich sind. Es bedeutet also keine Mühe für sie, sich als Gemeinschaft zu fühlen, sie kennen keine Gegensätze. Eben diese Mühelosigkeit war es, die Bastian immer auffälliger wurde. »Ihre Sanftheit erschien ihm fade und die immer gleiche Melodie ihrer Lieder monoton. Er fühlte, daß ihm etwas an alledem fehlte, daß ihn nach etwas hungerte, doch konnte er noch nicht sagen, was es war.«

Ein grausames Erlebnis öffnet ihm endgültig die Augen: Als eine große Nebelkrähe erschien, flohen alle Yskálnari unter Deck. Einer schaffte es nicht, wurde von dem Vogel gepackt und davongetragen. Die Yskálnari aber kamen wieder auf Deck, als die Gefahr vorüber war, tanzten, sangen und taten, als ob nichts geschehen wäre. »Ihre Harmonie war nicht gestört, sie trauerten nicht und klagten nicht, sie verloren kein einziges Wort über den Vorfall.« Als Bastian fragt, bekommt er die Antwort, daß keiner fehle, also kein Grund sei zu klagen. Der einzelne zählte nichts bei den Yskálnari, und weil sie sich nicht unterschieden, war jeder auch ersetzbar. Bastian empfand die Spannungslosigkeit plötzlich ganz anders. Er wollte er selber sein, etwas Besonderes, Einmaliges. Diese Gemeinschaft war harmonisch, aber ohne Liebe.

Wir standen anfangs oft fassungslos vor der immer wieder beobachteten Tatsache, daß die scheinbar so eng verbundenen Drogengruppen mit ihrem »starken« Gemeinschaftsgefühl und einer sehr großen zusammen verbrachten Stundenzahl oft schon nach Jahresfrist auseinandergingen und die jungen Menschen dann einander fremder waren als vorher. Sie hatten sich buchstäblich nichts mehr zu sagen. »Gemeinschaft« war zwar von ihnen subjektiv gefühlt, jedoch nie realisiert worden. Ihre einzigen echten Gemeinsamkeiten bestanden in der Beschaffung der Droge, dem Ritus ihrer Einnahme und – man unterschätze diesen Bereich nicht – im Konsum zugehöriger Musik und in der durch entsprechenden Lesestoff gleichen vorgeprägten Erwartungshaltung. Alles andere, da es mehr oder weniger unter Drogenwirkung geschieht, entzieht sich dem Erinnerungsvermögen und damit jedem Aufbau, jeder Entwicklung.

Manchmal ergibt sich die Möglichkeit, technische Hilfen zur Bewußtmachung der Diskrepanz zwischen empfundener und tatsächlicher Bedeutung des Gruppengeschehens zu nutzen. Tonbandaufnahmen von »Drogengesprächen« ebenso wie vom »Musizieren« unter Drogenwirkung können zu heilsamen Offenbarungen werden. Fotografien vom Drogenkranken am »Morgen danach« oder in einem akuten »Zustand« geschossen, Farbfotos, die ihre – ihnen selbst gar nicht bewußte – Blässe, typische Drogenhaltung, ihre »Drogenhände« sichtbar machen; Filmaufnahmen, die ihren unsicheren Gang, ihre veränderten Eßmanieren verdeutlichen (vielleicht sogar in Abweichung von früheren Aufnahmen), können sehr, sehr wirksam sein. Sie sollten allerdings nie erzwungen werden. In der akuten Situation kommt man aber nur selten auf solche Ideen. Man ist viel zu sehr beteiligt, gefühlsmäßig aufgewühlt. Wir haben das im nachhinein oft bedauert. Eltern sollten sich, *bevor es soweit ist,* damit befassen und Vorbereitungen treffen. Ist die Kamera in Reichweite, das Tonbandgerät aufnahmebereit, das entsprechende Vorgehen schon durchdacht, schafft man es eher.

Wie wertvoll wäre für die Eltern von Gisela eine Tonbandaufnahme gewesen, als ihre Tochter – ausgerechnet am Weihnachtsabend – einen LSD-Trip hatte. Sie war auf einem »Horrortrip« – ihr Schreien, ihre elementare Angst, ihre Schmerzen und ihr Flehen um Hilfe, ihre stundenlange hörbare Qual wäre als Bandaufnahme für sie nicht abzuleugnen gewesen. So allerdings behauptete sie danach, einen »guten Trip« gehabt zu haben und nahm die Schilderung der entsetzten Eltern nicht ernst.

Mir selbst war es gelungen, ein Bandgerät in dem Schuppen aufzustellen, in dem mein Sohn mit seinen »Freunden« gemeinsam musizierte. Sie komponierten »free rock«, natürlich voll unter »Wirkung«, denn die »macht Musik ja erst schön«.

Ihre Begeisterung über ihre »Werke« war ebenso groß wie ihre Enttäuschung über die Klangqualität. Doch statt mehr Spieltechnik zu üben, vergrößerten sie schlicht die »Anlagen«. So dröhnte – für meine armen normalen Sinne – immer die gleiche Tonfolge in endlosen Wiederholungen. Sobald sie begannen, stellte ich das vorbereitete Band an. Viele Male war das völlig vergeblich, denn über Geschmack läßt sich – besonders mit Drogenkonsumenten – nicht streiten. Dann half mir der Zufall: Ein Sender war in der Anlage und quatschte sehr deutlich hörbar und sehr störend dazwischen. Sie bemerkten es nicht! Im Gegenteil, die Drogenwirkung hatte wohl aus der krächzenden Stimme für ihre Ohren ein zusätzliches »Instrument« werden lassen. Nun hatte ich den Beweis, daß weder ihre Musik noch ihre Kreativität durch Drogenwirkung verbessert, sondern nur ihre Hörfähigkeit verändert, undifferenzierter und unkritischer geworden war. Sehr verunsichert und konsterniert gaben sie ihre »Musikerlaufbahn« auf.

Irgendwann, oft viel früher als man glaubt, bemerken die jungen Drogenkonsumenten eben doch, daß da etwas fehlt. Es wird für sie um so deutlicher, je mehr Vergleichsmöglichkeit mit echtem Erleben und wirklicher Gemeinschaft sie haben. Je besser es uns also gelingt, uns als Familie von ihren »Konsumgemeinschaften« zu unterscheiden und sichtbar, spürbar, richtige Gemeinschaft *zu sein,* um so größer ist unsere und ihre Chance. Hüten wir uns allerdings vor dem schönen Klischee von der intakten, immer harmonischen »Sonntagsfamilie«. In einem »realitätsgerechten Trainingsfeld für soziales Verhalten« muß es auch einmal heftig zugehen, muß manche neue Harmonie durch Auseinandersetzung und manche Gemeinsamkeit durch Überwindung von Konflikten erworben werden!

Es ist immer wieder erschütternd, festzustellen, daß junge Drogenkonsumenten – oder überhaupt junge Menschen – von der normalen Gefühlswelt des Erwachsenen kaum etwas wissen. Wie aber sollen sie sich dann ein »Ohne-Droge-Leben« als lebenswert vorstellen können?

Das »graue Spießerdasein«, das sie so verachten, vor dem sie solche Angst haben, ist nicht nur ein ideologisches Klischee. Es ist auch entstanden aus einer allgemeinen Sprachlosigkeit der Erwachsenen ihren Kindern gegenüber. Selbst Eltern, die bereit sind, stundenlang mit ihren Heranwachsenden »Probleme zu wälzen«, die viel miteinander und mit ihnen sprechen, haben eine große Scheu, mit ihren Kindern auch einmal über eigene Gefühle, über ihr innerstes Erleben, über sich selbst zu sprechen. Ich weiß nicht, woher die unsinnigen Behauptungen, »junge Leute wollen immer unter sich sein« und »Jugendliche interessieren sich nicht für die Innenwelt der Erwachsenen«, kommen. Sie sind leider schon bestimmendes Allgemeingut geworden. Dies um so leichter, als es in unserer Gesellschaft ja auch üblich ist, jede Altersgruppe hübsch säuberlich für sich zu erfassen. Da haben wir Jahrgangsgruppen schon im Kindergarten, in der Schule, in den Freizeiteinrichtungen usw., bei den »Offenen Türen« für Jugend und für Alte, bis hin zu Jugendmessen und Altengottesdiensten. Die Reihe ließe sich unendlich fortsetzen. In fast keinem Bereich unseres öffentlichen Lebens wird die Kommunikation zwischen den Generationen noch als selbstverständlich, für das soziale Wesen Mensch notwendig, sondern nur noch als »bemerkenswerte« Ausnahme praktiziert. Die gleichzeitige Entwicklung zur Kleinfamilie, in der sich eine solche Altersmischung nicht vollziehen läßt, erfordert aber das genaue Gegenteil – oder degradiert die Familie wirklich zum Relikt früherer sozialer Strukturen.

Es liegt an uns, diese Vorurteile, Fehlentwicklungen und Klischees zu überwinden. Unsere Kinder, im Zeitalter der Massenkommunikation aufwachsend, brauchen zum Aufbau einer abgerundeten Persönlichkeit die Begegnung mit Menschen aller Altersgruppen und mit deren ganzer – innerer und äußerer – Lebenswirklichkeit. Da sie aber das Fragen verlernt haben durch all die Schalter zum An- und Ausschalten, müssen wir auch ein wenig auf sie zugehen.

Ein junges Mädchen schrieb uns einen langen Brief aus ihrer Angst um den drogenkonsumierenden Freund:

»Ich mache mir wirklich Sorgen um ihn. Er ist erst 19 Jahre und hat doch noch soviel vor sich. Ich kann mir denken, daß Sie auf diesem Gebiet sehr viel Erfahrung haben. Und danke Ihnen wirklich sehr, wenn Sie ein wenig Zeit für mich opfern könnten, über diesen Brief nachzudenken. Ich habe Ihnen einen Rückantwortbrief beigelegt. Es wäre sehr nett von Ihnen, wenn Sie mir Ihre Meinung und vielleicht einen Rat geben könnten. Was ich tun soll oder ob es überhaupt noch einen Zweck hat. […] Es grüßt Sie herzlich Ihre Corinna X.«

Wie bei allen Zuschriften dieser Art versuchten wir bewußt, nicht als »Drogenfachleute«, sondern so persönlich wie möglich zu antworten. Gerade diese Briefe junger Menschen sind wegen ihrer Offenheit sehr vertraulich zu behandelnde Dokumente, aber sie zeigen ein ernsthaftes Interesse am älteren, lebenserfahrenen Menschen.

Da steht zum Schluß eines sechs Seiten langen Briefes:

»So, ich glaube, Ihr habt noch anderes zu tun. Ich würde mich sehr freuen, wenn Ihr mir zurückschreiben würdet. Vielleicht könntet Ihr mir einmal erzählen, wie und wovon Ihr lebt. Ob Ihr diese Arbeit als Beruf betreibt, wie er heißt und ob ich auch so etwas machen könnte.«

Aus einer Therapie kam die Bitte um Hilfe zum Durchhalten mit vielen, vielen Fragen, die eigentlich gar nichts mit der Drogenabhängigkeit zu tun hatten. Darunter steht dann:

»Hoffe ich nicht, Sie mit meinem Brief in irgendeiner Weise belästigt zu haben. Wenn ja, so bitte ich vielmals um Entschuldigung.«

Die Rückantwort beweist, daß meine Antworten auf fruchtbaren Boden fielen:

»Meinen allerherzlichsten Dank für Ihren lieben, netten Brief. Ich habe mich sehr gefreut. Hat mich doch alles in einer schwachen Stunde erreicht, in der ich sehr nahe am Resignieren war bzw. am Aufgeben. Doch jede überwundene Krise, Resignation, ist wieder ein Schritt vorwärts. Bringt ein Stück Entfernung zwischen mich und die ehemalige Drogenwelt. Der körperliche Entzug fiel mir nicht so schwer, doch der psychische dauert eben weitaus länger. Zeit und Geduld sind notwendig. Dieses muß ich oft täglich neu lernen. Der Erfolg ist da, wenn auch manchmal kaum sichtbar. Ich weiß, daß ich nicht zuviel erwarten kann. So Stück für Stück. Den Weg der kleinen Schritte. Wunder gibt es da keine. Nur ein beständiges, andauerndes Arbeiten an sich selbst. Mit viel Mut, Willen und Zuversicht und einem ständig wachsenden Glauben an sich selbst. Bin ich doch jetzt schon wesentlich überzeugter als am Anfang, daß ich es diesmal endgültig schaffe und durchhalte. Auf dem Wege zum Positiven. Ihr ...«.

Ein 14jähriger schreibt:

»Ich finde es klasse, daß Sie nicht nur von Drogen reden und schreiben, sondern auch von den Jugendlichen selbst.«

Gerade die jungen Menschen, die nach einer Phase des Konsums »von allein« aussteigen und wieder Anschluß suchen, sind dankbar, wenn sie außerhalb ihrer Altersgruppe lebenserfahrene Gesprächspartner finden:

»Ich habe angefangen, hart für die Schule zu arbeiten und dachte, den ›Rest‹ so vergessen oder in den Hintergrund schieben zu können. Aber mehr als gute Noten schauten nicht heraus. Das heißt, ich bin sehr froh über die guten Noten, aber der ›Rest‹

wurde nicht vergessen und in den Hintergrund geschoben. Er ist noch da und macht sich immer stärker bemerkbar.

Sie sagten, daß es auch an mir liege, mit anderen Leuten in Kontakt zu kommen, mit denen, die mit Drogen nichts zu tun hatten. Nun, ich hab's versucht, ehrlich, ich hab's irgendwie versucht, während dieser fünf Monate. Aber es ist nicht so leicht, wie Sie sich das vorstellen. Ich bin manchmal, bei Klassenveranstaltungen oder ähnlich, näher mit den Leuten zusammengekommen, was ich aber feststellen mußte, war alles andere als ermutigend. Ich habe einige Stunden(!) lang mit einem aus meiner Parallelklasse geredet. Er brachte das Thema bewußt auf Drogen, irgendwie verstanden wir uns dabei prächtig, denn er fragte mich aus, ich erzählte ihm alles, was er wissen wollte (und er wollte sehr viel darüber wissen!). Am Schluß wußte er sehr viel von Drogen und sehr viel über mich. Und dann kam irgendwie heraus, daß er nichts anderes gewollt hatte, als durch mich Erfahrungen sammeln (sofern möglich), ohne direkt mit den ›anderen‹ oder mit Drogen überhaupt in Kontakt zu kommen. Irgendwie habe ich das als gemein empfunden. Am Tag darauf war ich für ihn eine Fremde, er grüßte gar nicht mehr. Aber er war nicht der einzige, der so oder ähnlich handelte.«

Ein verzweifelter junger Mensch schreibt uns:

»Ich hoffe sehr, daß Sie mir noch einmal zuhören können. Ich bitte Sie um ein Gespräch, weil ich vor der Entscheidung stehe – Leben oder Sterben. Aber ich will leben, weil ich weiß, wie wunderbar das Leben sein kann. Ich will leben und dafür kämpfen und brauche ganz dringend einen Rat. Ich bin weder heroinsüchtig noch schlucke ich Trips, noch rauche ich Shit; ich habe die legitimierte Tablettensucht gewählt.

Vieles mag falsch sein, was ich denke, aber es geht mir schon lange nicht mehr um ›Spießer- oder Antigesellschaft‹, wie Sie es in Ihrem letzten Brief ausgedrückt haben. Sie waren oder sind wohl ziemlich sauer auf mich, da ich Ihre damaligen Bemühungen um mich nicht anerkannt habe. Vielleicht habe ich es verdient, daß Sie so sauer auf mich waren, vielleicht war ich zu unreif, vielleicht war ich zu sehr in Opposition. Ich weiß es nicht mehr. Es ist schon so lange her. Es hat keinen Sinn, jetzt in einem Brief alles zu besprechen. Ich bitte Sie um ein Gespräch, um eine Chance, weil ich nicht mehr weiter weiß! Und ich hoffe sehr, daß Sie mir diese Chance geben werden.«

Sie besuchte uns in der Folgezeit häufig, sah, wie wir lebten, erfragte, warum wir so lebten, und nahm daran teil. Sie lernte, wieder auf andere zu achten und zu geben, um etwas zu bekommen. Sie ist nun auf dem Wege zu sich selbst, indem sie auf andere zugeht.

Nach Jahresfrist schreibt eine Ehemalige:

»Gerade in letzter Zeit habe ich sehr oft an unsere Gespräche im letzten Jahr gedacht, als Sie mir erzählten, daß es doch ein Unterschied ist, ob man einen Ring trägt oder so zusammen lebt. Damals wollte ich das nicht so ganz einsehen, und jetzt wundere ich mich darüber und empfinde es täglich.

Sonntag vor zwei Wochen fand unsere eigentliche Verlobung statt; da nämlich haben Gerhard und ich beschlossen, zusammenzubleiben, weil wir uns beide nicht vorstellen können, noch glücklicher zu werden. Am gleichen Abend fuhr ich bis über die Ostertage zu meinen Eltern. Schon als ich zur Tür hereinkam, meinte meine Mutter, ich sähe ganz anders aus. Und meine Schwester fragte, ob ich mich verlobt hätte (ohne daß ich ein Sterbenswörtchen erwähnt hatte). Meine Eltern fielen natürlich aus allen Wolken, weil ich ja lange genug meine Meinung übers Heiraten vertreten hatte. Aber es war eine freudige Überraschung.«

Ein Abhängiger, mit dem ich auf einer Zugreise ein sehr offenes Gespräch hatte, schrieb:

»Guten Tag, ich habe ein schlechtes Gewissen, daß ich Ihr Papier ›Haschisch – die unbekannte Droge?‹ habe mitlaufen lassen. Erst auf der Heimreise bemerkte ich Ihre handschriftlichen Abänderungen und Ergänzungen, als ich begann, das Papier für unsere Verhältnisse umzuarbeiten. Die Idee der Argumentationshilfe finde ich ausgezeichnet! Was ich daran vermißt habe, ist die Angabe einiger zuverlässiger Buchtitel zur Weiterinformation. Hätten Sie vielleicht Zeit, eine knappe Liste mit einigen Titeln zusammenzustellen, die durch den Buchhandel leicht zugänglich sind? Ich wäre Ihnen dankbar.

Sie haben mich beeindruckt. Als Zwanzigjähriger braucht man Begegnungen wie die mit Ihnen, auch wenn sie reichlich knapp war. Vielen Dank!«

Und nach einer sehr lebhaften Diskussion in einem Schülerseminar kommt eine Karte, wie diese:

»Ich habe als Schülervertreter an dem Seminar teilgenommen. Tief beeindruckt und erschüttert von den Tatsachen und Zusammenhängen, die Sie so offen dargelegt haben, möchte ich Ihnen danken, daß Sie dafür kostbare Zeit aufgewendet haben.

Ich muß Ihnen meine Bewunderung aussprechen für die

Besonnenheit, mit der Sie ihr Schicksal meistern und mit der Sie sich im – oft verkannten – Interesse der Gesellschaft, der Jugendlichen, also auch in meinem Interesse, engagieren.«

Es ist nicht immer ganz leicht, dem entgegengebrachten Vertrauen gerecht zu werden. So schreibt ein junges Mädchen:

»Ich habe aber immer noch gehofft (für ihn), daß er es nur mal probiert hätte. Aber das war wohl nicht der Fall! Mir wurde schon von mehreren Seiten bestätigt, daß er ›kiffen‹ würde. Die letzte Hoffnung meinerseits wurde beseitigt, als ich vor kurzem in einer Diskothek war, in der er verkehrt, und man sagte mir: ›Ach, der kifft doch auch, den haben sie doch auch schon gepackt‹ usw. Also wußte ich Bescheid. Kann ich ihm nicht irgendwie helfen? Er tut an und für sich sehr souverän und läßt sich so schnell von niemandem was sagen. Da er intelligent ist, kann er die Folgen des Haschens gut absehen. Er hat sicherlich Argumente dafür. Aber ich finde, es gibt einfach nichts, was die negativen Folgen überwiegt. Als er mir damals gesagt hat, daß er nicht mit mir gehen wolle, hat er mir gesagt, daß es keinen Sinn hat zu träumen. Ich finde, daß haschen aber auch nicht realistisch ist.

Könnte ich ihn evtl. besuchen gehen? Oder mache ich mich dann, wo er mit seiner Freundin zusammenwohnt, sehr lächerlich? Eifersüchtig oder dergleichen bin ich nicht. Dann könnte ich mit ihm mal reden. Rausgeschmissen würde ich wohl auch nicht. Sonst begegne ich ihm nämlich nie, und es wäre ja auch blöd, wenn ich ihn mal treffen würde und es wären noch andere Leute dabei. Ihm schreiben ist auch sinnlos. Denn er antwortet doch nicht. Außerdem kann ich ihm dann nur meine Meinung aufzeigen, aber er kann mir seine Argumente nicht darstellen. Folglich wäre ein Gespräch wohl besser, oder? Dann zu mir, wenn ich mal mit Bekannten, die selbst nicht haschen, in eine Diskothek gehe, in der ›gekifft‹ wird, wie soll ich mich dann verhalten? Die Typen lassen einen ja in Ruhe. Aber trotzdem habe ich irgendwie dort ein ungutes Gefühl, obwohl man die Dinge ja nicht völlig zu meiden braucht. Die progressive Musik dort finde ich z. B. besser als Tanzen.

So, jetzt möchte ich den Brief beenden. Bitte antworten Sie mir bald.

Herzlichen Dank schon jetzt für Ihren Rat. Bitte entschuldigen Sie, daß ich Ihre Zeit überhaupt damit in Anspruch nehme.«

Hier ist nicht der Drogenexperte, hier ist der Mensch befragt und antwortet:

»Liebe ...

Ihr Brief hat mich sehr angesprochen, und ich will versuchen, Ihnen einen guten, aber auch praktischen Rat zu geben.

Es ist ebenso selten wie schön, daß Sie sich Sorgen um einen anderen machen, auch wenn er das weder honoriert noch anerkennt.

Ich glaube, wenn wir uns alle etwas mehr umeinander kümmerten und füreinander verantwortlich fühlten, es gäbe nicht so viele verzweifelte und einsame Menschen und nicht so viele junge Leute, die ihr Leben und ihre Gesundheit fortwerfen.

Horst ist auf einem sehr gefährlichen Weg, deswegen besonders schlimm, weil gerade Haschisch das Hirn immer so weit beeinträchtigt, daß der Hascher seinen Zustand nicht mehr erkennen *kann.* Ich lege Ihnen einiges Informationsmaterial bei, um Ihnen gute Argumente gegen veraltete Drogenpropaganda zu geben. Lesen Sie auch die Gesprächshilfen gut durch, aber lassen Sie sich davon abraten, Horst in einem Gespräch, bei einem Besuch, helfen zu können.

Ich bin schon seit vielen Jahren im Gespräch mit Abhängigen und fühle mich oft heute noch überfordert dabei, denn vor allem die Denkweise des Haschischkonsumenten ist sehr schwer zu erfassen, noch schwerer aber zu beeinflussen.

Obwohl Sie es – weil er nicht antworten würde – für sinnlos halten, fände ich es besser, wenn Sie ihm schreiben und einiges Informationsmaterial beilegen würden.

Schreiben Sie nichts vom ›helfen wollen‹ usw., er hält sich nicht für hilfsbedürftig! Sagen Sie ihm lieber, daß Sie ihm diese Unterlagen schicken, weil Sie den Eindruck haben, er sei einseitig informiert – vom Drogenmarkt und seiner Werbung her. Warnen Sie ihn vor dem eventuellen Verlust seiner kreativen Fähigkeiten durch die chemische Beeinflussung seines Hirns. Zeigen Sie ihm, daß Sie nichts von ihm wollen, daß Sie keine eigenen Interessen, sondern nur die seinen verfolgen.

Es ist nicht leicht für einen jungen Menschen wie Sie, etwas zu tun, ohne einen Erfolg zu sehen, zumindest eine Reaktion zu bekommen. Aber glauben Sie mir, es ist besser so, denn die Gefahr, angesteckt zu werden, zum Versuch (damit man sich besser hineindenken kann) überredet oder zum Mitmachen (damit man überhaupt mitreden kann) verführt zu werden, ist groß.

Der Drogenkonsument hat neben gewichtigen kommerziellen Gründen auch krankhaft triebstarke Bedürfnisse, andere in den Drogenkreis hereinzuziehen: um in seiner Drogenkarriere aufsteigen zu können, aus seinem Außenseitertum herauszukommen und um sein inneres Gefühl der Leere, seine Unzufriedenheit und seine Unruhe zu überspielen.

Ihr »ungutes Gefühl«, wenn Sie in solcher Gesellschaft sind, ist ein ganz gesunder und erfreulicher Instinkt für diese Gefahr. Es reizt schon, »den Teufel am Bart zu zupfen« – er fängt ja nicht jeden –, aber wer weiß schon vorher, ob er dazu gehört?

Versuchen Sie, Ihre innere Ruhe dadurch wiederzufinden, daß Sie das Mögliche (Horst eine Orientierungshilfe zu geben) tun, und das Unmögliche (ihn selbst herausziehen zu wollen) nicht länger von sich verlangen.

Mit lieben Grüßen!«

Immer wieder geriet ich in all den Jahren der Drogenarbeit in die Gefahr, zuviel von mir zu verlangen. Dann war ich enttäuscht und frustriert, weil ich »versagt« hatte, mein zu hoch gestecktes Ziel nicht erreichte. Ein kleines Gebet hat mir geholfen, diesen unbewußten Hochmut zu überwinden:

Herr – gib mir Mut, das zu ändern,
was ich ändern kann,
gib mir Kraft, das zu ertragen,
was ich nicht ändern kann,
und Weisheit, um zwischen beidem
zu unterscheiden.

VI. Vorbeugen

Viele Eltern denken, wenn ihre Töchter – oder manchmal auch Söhne – sich so rührend und ernsthaft für die armen Abhängigen interessieren und voller Eifer sind, ihnen zu helfen, das sei eine gute Sache. Wenn sogar freiwillige Referate gegen Drogen übernommen, alles an »Drogeninformation« gesammelt und das Zimmer mit Antidrogenplakaten ausstaffiert wird, dann glauben sie, ihr Kind sei nicht gefährdet.

Hören wir noch einmal Tanjas Mutter:

»Besondere Probleme, außer normalen Pubertätsproblemen, hatte sie eigentlich nicht. Meines Erachtens ist es bei ihr aus einer gewissen Neugier, Abenteuer- und Sensationslust entstanden, wobei das Buch ›Wir Kinder vom Bahnhof Zoo‹ eine erhebliche Rolle mitgespielt hat.

Es war kurz vor ihrem 15. Geburtstag im November 1979, als ich bemerkte, daß sie mit einer Freundin aus der Nachbarschaft ziemlich oft in die Stadt fuhr. Dann zog sie sich betont gammelig an. Sie war jetzt häufig schon nachmittags weg und vernachlässigte die Hausaufgaben. Sie verschlang dreimal hintereinander und zwischendurch das Buch ›Wir Kinder vom Bahnhof Zoo‹. Ich las es auch und dachte, daß dieses abschreckend wirken müsse, so wie es auf mich wirkte. Sie nahmen in der Schule das Thema ›Drogen‹ vor, und Tanja meldete sich zu einem Referat, wobei ich ihr noch half. Ich ging mit ihr zur Drogenberatungsstelle, und wir sammelten gemeinsam Material.

Tanja bekam einen richtigen Sammeltick, drei dicke Mappen voll Drogenmaterial. Sie hielt in der Realschule, 9. Klasse, ihr Referat und bekam eine »Eins« und den Beifall der Klasse, ein Erfolgserlebnis, das sie seit langem entbehrte, denn sie war stets nur eine mittelmäßige Schülerin.«

Dies ist ein Auszug aus Tanjas Referat (über das Buch »Trip ins Ungewisse« von Ingeborg Bayer):

»Ich finde das Buch gut geeignet für Jugendliche ab zwölf Jahren, da sie erkennen können, wie leicht man in Drogenabhängigkeit gerät und wie mies die Lage ist, wenn man erst mal süchtig ist. Es hat daher eine abschreckende Wirkung. Kritisieren könnte man, daß fast nur über Probleme der Jugend gesprochen wird, denn dadurch wird die Erwachsenenwelt in ein Licht gerückt, das nicht immer den Tatsachen entspricht. Auch sie haben ihre Probleme und greifen nicht gleich zum Rauschgift. Es entsteht das Bild der ›ach so geplagten Jugend‹. Viele Jugendliche versuchen auch, ihre Drogenabhängigkeit mit dem Unverständnis der Erwachsenen zu entschuldigen, wie auch der erwachsene Alkoholiker seiner Umwelt die Schuld gibt. Oft ist es richtig, oft aber auch Flucht vor Arbeit und Verantwortung. Meine Meinung, wie man das Problem der Drogenabhängigkeit angehen könnte: Man sollte versuchen, mit Lehrern und Eltern über alles reden zu können. Auch wenn die Eltern keine Hellseher sind und nicht von sich aus auf uns zukommen, weil sie selber mit ihren Problemen zu beschäftigt sind, so finde ich, sollte man als Kind sich überwinden und sagen: ›Hört mal, ich habe da ein Problem, das ist wichtig für mich.‹ Ich glaube, wenn man es so sagt, werden die Eltern kaum ausweichen. Auch sollte man sich für alles mögliche interessieren und in einen Sportverein gehen, um sich körperlich zu betätigen.«

Gleichzeitig schreibt sie aber in ihr Tagebuch:

»Wir haben auch wieder neue Leute kennengelernt. Einer war im Knast gewesen und hatte sich schon mal einen Schuß gesetzt. Eben habe ich meiner Mutter meine Drogenmappen gezeigt, und wir haben so darüber gesprochen, z. B. daß Age jetzt billiger ist als Shit usw. Ich erzählte auch, wie so Kifferkneipen und die H- und Hasch-Scene sind, und auch, wieviel es kostet. Meine Mutter fragte mich, woher ich das alles wüßte. Ich sagte, aus Zeitschriften und von einem Mädchen aus unserer Klasse, die das Zeug ab und zu nimmt. Wenn die wüßte, daß das ihre eigene Tochter ist (hihihi).«

Und nur wenig später schreibt sie:

»Ich habe heute und gestern mein ganzes Bett vollgekritzelt von Fixern und lauter Fixergedichten. Ich habe schon wieder gelogen. Ich hab' Foxi erzählt, daß ich mir einen Snief genommen und einmal, als ich breit war, gespritzt habe. Warum sage ich eigentlich nie die Wahrheit? Kein, aber auch kein einziger Mensch weiß, daß ich *nur* Hasch nehme. Ich hab' bei mir ein Bild hängen. Da ist einTyp drauf, der gerade einen Joint raucht und dabei tolle Farben sieht. Das sieht vielleicht stark aus.

Ich will nie fixen, aber irgendwie will ich doch. Ich habe nur wahnsinnig Angst. Echt! Ich fühle mich richtig wie ein Junkie und benehme mich auch so. Extra! Aber ich glaube, ich kann schon gar nicht mehr anders. Ich habe sogar auf meiner Tasche Cannabis und Acid stehen. Nur um zu zeigen, daß ich den Mut habe, das Zeug zu nehmen.

Ich glaube, ich bin ein totaler Fixerfanatiker. Ein Junkie, der nicht spritzt! Hört sich ziemlich bescheuert an. Ich will nicht anfangen, mich nur so zu fühlen. Bin ich eigentlich schizophren? Ich spinne mir doch zusammen, ich wär ein Junkie, so ist es doch. Und ich will auch da nicht runter!«

Tanja schreibt die Texte von Antidrogenliedern ab, identifiziert sich mit denen, die schon ganz tief drin sind und schreibt *gleichzeitig:*

»Ich will doch einen anständigen Beruf bekommen und ein anständiges normales Leben führen, wie alle anderen auch.«

Sie schreibt die Lebensgeschichten kaputter Typen ab, weil in ihnen so viel bessere Motivationen und Ursachen zu Drogenkonsum und Alkoholmißbrauch zu finden sind als in ihrer eigenen schönen Kinderzeit. Ihr liebevolles Elternhaus, ihre behütete Jugend will sie nicht wahrhaben, ja, haßt sie und schreibt:

»So Eltern gibt's nur einmal. Am liebsten hätte ich Eltern, die mich mißhandelten oder für die ich gleichgültig bin, aber so 'ne Mutter gibt's wirklich nur einmal!«

Die Mutter sieht ihr Kind ins Verderben treiben und schreibt in ihr Tagebuch:

»Sie kam nach Hause und erzählte, sie werde dort ›alte Fixerin‹ gerufen. Dies hat sie sich aber selbst zuzuschreiben, da sie aus Angabe oder was auch immer, Drogenmärchen von sich erzählt, die absolut nicht stimmen. So ist sie z. B. in der Schule mit einem Plastikbeutel herumgelaufen, wo ein von unten geschwärzter Löffel und eine Spritze (die sie von einer Bonner Freundin, deren Schwester Arzthelferin ist, geschenkt bekommen hat) drin waren. Mit Sicherheit hat sie zu diesem Zeitpunkt noch nie gespritzt. Sie wußte alles aus ihrer großen Materialsammlung und aus dem Buch der Christiane F. Sie erzählte einmal einer Vertrauenslehrerin, sie habe sich in den Fuß gespritzt, damit man es nicht sah. 100%ig kann ich dazu sagen, daß dies zu dem Zeitpunkt noch Märchen waren.«

Seit 1968 besteht das Drogenproblem in der Bundesrepublik und hat sich ständig ausgeweitet. All den gutwilligen Versuchen der zuständigen Behörden zum Trotz, hat die bisherige Art der »Vorbeugung« zu oft Neugier geweckt und die Faszination der

Drogen und der Drogenkonsumenten eher erhöht. Der Glaube an Abschreckung durch Aufzeigen von schlimmen Folgen und Gefahren ist eigentlich vom Zigarettenmarkt länst zur Genüge widerlegt worden. Die jungen Raucher von heute haben *alle* vor der ersten Zigarette absolut Bescheid gewußt über das damit verbundene Gesundheitsrisiko und die möglichen Folgen. Ihre Zahl ist trotzdem größer, ihr Konsum intensiver geworden. Aber die »Antiwerbung« geht weiter.

So schreibt ein Insider des Drogenmarktes z. B. über Antidrogenplakate:

»Fast alle bislang veröffentlichten Antidrogenplakate sind eine unfreiwillige Werbung. Das mag darauf zurückzuführen sein, daß sie von Werbeagenturen geschaffen wurden, pawlowsch darauf erzogen, *für* ein Produkt zu werben und nicht *gegen*.

Die Phantasielosigkeit der Antiwerber ist erschreckend. Zu Heroin fällt ihnen nichts anderes ein, als daß die Droge tötet und immer wieder ein Totenschädel.

Nur für unsensible Vertreter eines erfolgreichen, lebensbejahenden, hier und heute glücklichen Establishments ist ein Totenschädel abschreckend. Wer gefährdet ist, zu Drogen zu greifen, kennt ihn anders: als Schlüsselanhänger, als Rockeremblem auf der Lederjacke, aus den geliebten Horror-Comics, als Requisit der Geisterbahn und Popkultur. Dort allerdings erscheint er nur selten so schön gruselig wie auf den Antidrogenplakaten: psychedelisch leuchtend, von wildlockiger Popmähne umflackert.

Dieser Tod droht nicht, er verharmlost. Schlimmer noch: er fasziniert. Wer an der lebenssprühenden Kaufhausmoral nicht glücklich wird, findet eine Alternative in diesem schaurigschönen Tod, der nur die Eltern erschreckt.«

Es gibt eine Flut von »Informationen«, die – sachlich richtig, in »jugendgerechter Form« und »eingängig« gestaltet – nur aufzeigen, wie Drogen heißen, wie sie aussehen, wo und wie sie zu bekommen sind, in welcher Dosierung und Mixtur sie welche »Wirkung« haben. Klischeehafte »Ursachen«, oft eher aus ideologischer Gesellschaftskritik entstanden, ohne Berücksichtigung der wenigen wissenschaftlichen Untersuchungen (wie z. B. der vom Soziologischen Institut der Universität Köln) täuschen vor, nur labile, problembeladene, frustrierte und überforderte Jugendliche aus kaputten Elternhäusern seien gefährdet.

So ist schon in einer Ankündigung einer Vortragsreihe der katholischen Familienbildung in Bonn das entsprechende Vorurteil fixiert. Im alten Klischee heißt es:

»Drogen und Anhängigkeit. Gebrauch und Mißbrauch von Drogen, Alkohol, Medikamenten und anderen Rauschmitteln weisen auf unbefriedigte Bedürfnisse und/oder auf unbewältigte persönliche, familiäre oder andere soziale Konflikte/Störungen hin. Problemfelder, die potentielle Suchtgefährdung erkennen lassen, werden angesprochen, und gemeinsam sollen Lösungsmöglichkeiten besprochen und gesucht werden.«

Im Gegensatz dazu und realitätsgerechter steht in der Untersuchung von Berger/Reuband/Widlitzek*: »Das Bild vom isolierten Jugendlichen, der später zu harten Drogen greift, hat zweifelsohne mit der Realität wenig gemein. Nur wenige Fixer fühlten sich in ihrer Kindheit und frühen Jugend als Außenseiter unter den Gleichaltrigen.

Die Jugendlichen, die sich als einflußreich oder führend bezeichneten, bezogen sich auf eine entsprechende Position im Bekanntenkreis (einschließlich der Schule); zum Teil übten sie Delegiertenfunktionen aus wie Klassensprecher oder Jugendsprecher in einem Werk, zum Teil waren sie eine Art Meinungsführer. Einige stützten sich auch auf sportliche Erfolge oder waren als ›tolle Typen‹ geschätzt.

Statt gute Kontakte zu Gleichaltrigen als Puffer gegen den Drogenkonsum zu sehen – wie in der bisherigen Literatur allgemein üblich –, spricht einiges dafür, gute und viele Kontakte zu Gleichaltrigen eher als einen Faktor zu sehen, der die Chance des Drogenkonsums (möglicherweise aber nicht der Abhängigkeit) erhöht: wer über viele Kontakte verfügt, kommt mehr oder minder per Zufall häufiger mit anderen Konsumenten in Berührung. Er ist demgemäß sowohl positiven Einschätzungen des Drogenkonsums als auch der Gelegenheit zum Konsum öfter ausgesetzt.

Kennzeichnend für die Situation des Erstkonsums scheint zu sein, daß bei ihm eine vorher schon existente und/oder in der Situation aktivierte diffuse Neugier vorherrscht: Neugier auf eine bis dahin unbekannte Erlebnis- und Verhaltensform. Motive, die man als Protest oder als Problemüberwindung klassifizieren könnte, fehlen so gut wie ganz. Veränderungen in der Art des Motivs, wie sie vielfach in der Literatur behauptet

* Siehe Literaturverzeichnis, S. 151

wurden, lassen sich im Zeitvergleich zudem nicht feststellen. Weder hat die Nennung von Neugier abgenommen, noch haben selbsttherapeutische Motive an Bedeutung gewonnen. Protest als Motiv spielte auch in früheren Zeiten keine Rolle. Die hier betrachteten Fixer spiegeln somit die auch bei anderen, ›weichen‹ Konsumenten anzutreffende relative Konstanz der Konsummotivation wider.«

Dazu eine Mutter:

»Ein paar Argumente schreibe ich noch, die mir meine Tochter sagte, als ich wieder wegen Drogen mit ihr sprach: ›Man hat Freunde, wenn man Drogen konsumiert. Es macht Spaß, Drogen zu nehmen, weil es verboten ist – sich nur nicht erwischen lassen, Spaß macht die Scene. Man ist anerkannt von der Gruppe, wenn man mitmacht. (Ich glaube, das ist ein Hauptgrund überhaupt.)

Andere haschen viele Jahre, ohne daß ihnen dies etwas gemacht hätte.‹

Der Gruppendruck scheint enorm zu sein, wer einmal mitmachte, kann kaum mehr aus der Gruppe aussteigen. Über die Gefährlichkeit sind sich alle wohl nicht genügend klar. Auf der einen Seite besteht eine echte Abneigung und Kritik gegen den Konsumdruck, aber zu Drogen hat man ein anderes Verhältnis. Meiner Meinung nach ist Auslöser die leider so verbreitete depressive, um nicht zu sagen nihilistische Stimmungslage vieler Jugendlicher, ein absolutes Nein zum Leben, das keinen Sinn zu haben scheint. Meiner Meinung nach steht im Vordergrund eine ausgeprägte Ich-Schwäche, wie Dr. Affemann schreibt. Alle sind so sehr abhängig vom Druck der Gruppe, wenige wagen sie selbst zu sein – wohl, weil sie es nicht können. Bei meiner Tochter merke ich dies in der Art, wie sie für die Schule gekleidet sein muß. Zu Hause zieht sie sich nach eigenem Stil und Geschmack an. Draußen diktiert die Gruppe. Dabei ist sie ein Mädchen, das ungemein vital und selbstsicher in der Kindheit war. Alle Schwierigkeiten traten erst auf, als sie in die Pubertät und die Jahre der Ich-Findung kam. Sie hat regen Kontakt mit einer amerikanischen Austauschschülerin, die schon viel Drogenerfahrung hat, und meine Tochter möchte auch ›nur‹ ausprobieren.«

Sogenannte authentische Berichte von Drogenkonsumenten, ob nun »Wir Kinder vom Bahnhof Zoo« oder »Junky«, sind ein gutes Geschäft. Kaputte Typen werden, weil »progressiv«, in Jugendfernsehen und Jugendpresse hochgejubelt und zum

Idol gemacht, und dann wundert man sich über den Triumph des Drogenmarktes!

Hat denn keiner daran gedacht, daß Jugendliche in dem gefährdeten Alter (zwischen 13 und 16 Jahren) Informationen anders aufnehmen und einordnen als Erwachsene? Daß sie oft paradox reagieren, weil sie in diesem Alter weder gesund noch tüchtig, noch ordentlich oder gar brav sein wollen? Und geht es denn ›nur‹ um Drogen? Müssen wir nicht darüber hinaus auch bemüht sein, sie gegen all die anderen Versuchungen, einschließlich derer legaler Märkte, zu wappnen? Dann allerdings ist weiß Gott mehr nötig als jeweils ›sachliche Information‹. Unsere Kinder müssen lernen können, in dieser Zeit und Gesellschaft, trotz der vielen negativen Einflüsse und Gefährdungen, zu leben und zu überleben. Wie sollen sie sonst fähig werden, etwas zu verbessern?

Vor jeder Sachinformation über einzelne Problembereiche *muß* also die Grundinformation über Zusammenhänge menschlicher Entwicklung mit biologischen und sozialen Bedingungen, über Manipulierbarkeit und Manipulation, über Märkte, Lebensqualität und Bewußtsein stehen. Information über Leben und Lebensfähigkeit gehört *vor* die Information über deren Gefährdungen, ebenso die Information über Suchtmechanismen, die doch erst die Voraussetzungen zum Einordnen der Kenntnisse über Suchtmittel schafft.

Es mag Problembereiche geben, in denen sich die Menge der vorbeugenden Informationen im einzelnen von alleine zur heilsamen und richtigen Summe ergänzt. Bei Jugendproblemen ist das anders! Vielleicht ist das die wesentlichste Lehre, die es aus den Fehlschlägen und sicher unbeabsichtigten paradoxen Folgen bisheriger Bemühungen zu ziehen gilt.

Betroffene Eltern wären gerne bereit, bei der Erarbeitung besserer, der besonderen, phasenbedingten Wesensart des Heranwachsenden gerechtwerdenden Konzeptionen mitzuwirken.* Dann könnte vielleicht vermieden werden, daß weiterhin am Problem, am Jugendlichen und an der mitbeteiligten Familie vorbeigearbeitet wird!

So schreiben Berger/Reuband/Widlitzek** über neuestes »Aufklärungs«-Material:

* Siehe z. B. das vom Elternkreis Bonn entworfene, fächerübergreifende Präventionsprogramm für 7. bis 9. Klassen aller Schulformen

** Siehe Literaturverzeichnis, S. 151

»Nun fällt auf, wie stark als Ursache für Drogenkontakte das Fluchtmotiv in den Vordergrund gestellt wird (vgl. z. B. Aufklärungsblatt für Eltern der Bundeszentrale für gesundheitliche Aufklärung von 1980). Danach werden Drogen ›oft als Problemlöser bei Schwierigkeiten angeboten‹. Diese Darstellung scheint aufgrund unserer Daten problematisch, denn es deutete nichts darauf hin, daß vor dem Erstkonsum oder auch während der Anfangsphase der Karriere besonders belastende Situationen vorhanden waren. Betont man zu sehr Probleme als konsumauslösend, könnte das zur Folge haben, daß Jugendliche, die solche Problembeladenheit weder bei sich noch bei ihnen bekannten Konsumenten feststellen, sich als nicht so gefährdet ansehen, da sie ja nicht der Realität entfliehen wollen (ähnlich wie beim Alkohol Problemtrinken stark abgelehnt wird, während andere Motive als nicht gefährlich gelten.) Ebenso wenig günstig dürfte es sein, als Vermittler des Drogenkontaktes den ›Dealer‹ – also jemand, der gewohnheitsmäßig um des Gewinns willen, mit Rauschmitteln handelt – herauszustellen; denn der tritt ja am Anfang einer Karriere nur selten auf und dem Jugendlichen ist daher auch kaum eine ›Verführung‹ erkennbar. Gerade die Alltäglichkeit des Angebotes macht es ja so leicht akzeptabel.«

Informiertheit oder, was viel besser wäre, lebenserhaltende Einstellungen werden keineswegs nur über kognitives Lernen erreicht. Das gemeinsame Spielen mit Eltern und Geschwistern vermittelt dem Kind oft prägendere Erfahrungen, weil im Spiel Intellekt, Sinne und Gefühle angeregt werden. *Alles Spiel ist Lernen*, und schon das gute, alte »Mensch ärgere dich nicht« kann wertvoller sein als vor dem Fernseher verbrachte Stunden. Da lernt man warten, sich gedulden, lernt verlieren und gewinnen, Schadenfreude zügeln und Schadenfreude anderer ertragen, und man sieht, wie die anderen mit ihren Gefühlen umgehen.

Es ist erfreulich, daß die Verkaufszahlen für Spiele trotz – oder durch Überwindung – der Faszination des Fernsehens wieder sehr gestiegen sind. Aber es müssen nicht perfekte, technisch raffinierte Spiele sein. Spiel lebt von der Phantasie, und selbsterfundene Spiele sind eigentlich die schönsten. Gerade die Phantasie, dieses ganz ureigene, kreative »Sich-selbst-etwas-Ausdenken« ist durch die allgegenwärtigen Angebote von konsumierbarer Unterhaltung, von vorgefertigter Freizeitgestaltung und perfektionierten, technisch raffinierten Programmspielen fast erdrückt worden.

Intensive und langjährige Untersuchungen der Amerikanerin Mary Wynn zeigen eine besonders erschreckende und heimtückische Auswirkung des Mediums Fernsehen – unabhängig von der Güte der Programme – auf: Bei Kindern, die viel fernsehen, entwickeln sich die Aufnahmezentren des Gehirns, d. h. das Sehen und Hören, sehr stark. Gleichzeitig bleiben aber die Verarbeitungszentren unbeteiligt – je weniger das Kind von mitsehenden Angehörigen zum Fragen, Nachspielen und zum Wiedergeben angeregt wird. Diese Kinder sitzen später auch in der Schule (und unsere Grundschullehrer kennen dieses Bild nur zu gut) und nehmen konzentriert auf, was der Lehrer sagt. Sie sind aber nicht mehr in der Lage, damit etwas anzufangen, weil sie *von der Hirnorganisation und -prägung her zu totalen Konsumenten geworden sind.*

Vorbeugung heißt nun nicht, den Fernseher abschaffen, denn nur unsere Einstellung zu ihm, die Art wie er benutzt wird, macht ihn gefährlich oder harmlos. Nicht die Quantität und nicht mal die Qualität seiner Sendungen, sondern seine Einseitigkeit und die Intensität, mit der er anspricht, ohne Antwort zu fordern, sind es, denen wir gegensteuern müssen mit Gespräch und Spiel.

VII. Spielen ist Lernen

Weil wir bei fast allen Jugendlichen, die aus der Suchterkrankung herausfanden, ebenfalls eine Phase mit intensivem Bedürfnis zum Spielen gerade von verhältnismäßig einfachen Spielen erlebten, möchte ich aus unserer eigenen »Spielwerkstatt« ein paar Vorschläge machen, die nichts weiter erreichen sollen, als Anregung zu geben, selbst etwas zu erfinden, eigene Spielregeln zu gestalten und zu erproben. *Spielregeln sind schließlich von allen Mitspielern zu akzeptierende Regeln,* die Fairneß, Chancengleichheit, Freiraum des einzelnen, sowie gemeinsame Zielvorstellung und deren Erreichbarkeit erleichtern oder ermöglichen sollen! Wer sich einübt – oder wieder einübt – in das Anerkennen und Einhalten von Spielregeln, übt so im Kleinen oft Großes, Lebensnotwendiges.

Spiele, die sensibilisieren

Streß, Reizüberflutung, Angebot sofortiger Lösungen und Befriedigungen, Zurücktreten aller spürbaren, direkten Gefahren und nicht zuletzt Massengesellschaft und Massenkonsum – das sind Schlagworte und doch sind sie auch die Realität, in der unsere Kinder aufwachsen. Es ist logische Folge, daß die Empfindsamkeit aller Sinne sich in dieser lauten Welt nicht mehr voll entwickeln kann, ja, daß das sogar oft gar nicht wünschenswert erscheint, zumindest für diejenigen, die den totalen Konsumenten zu ihrem Ideal gemacht haben – zu ihrem Idealkunden.

Machen wir ihnen einen Strich durch die Rechnung und helfen unseren Kindern, sich und andere besser zu sehen, zu hören und zu fühlen.

Für ehemalige Drogenkonsumenten, die aus dem »Tunnel des psychischen Entzuges« – der vorübergehenden Regenerationszeit der Sinne – kommen, sind solche Spiele besonders wichtig:

1. Man sitzt einander gegenüber und bekommt den Auftrag, sein jeweiliges Gegenüber genau zu betrachten, 2–3 Minu-

ten, schweigend. Dann geht eine Partei hinaus, und jeder ändert eine (später zwei, drei oder mehr) Kleinigkeit an seinem sichtbaren Äußeren: Knopf auf oder zu, Kette an oder aus, Haare kämmen, Kragen hochstellen, Ärmel hochschieben usw. Man setzt sich wieder und läßt abermals 2–3 Minuten stumm vergehen, dann sagt jeder, was er bemerkt hat.

2. Vor einer Auto- oder Zugfahrt, vor einer Wanderung oder auch einem Stadtbummel nehmen wir die Kinder einzeln beiseite. Eines fordern wir auf, unterwegs einmal ganz speziell auf die Art der Einzäunung von Weiden (die Größe der Felder, in der Stadt z. B. die Befahrbarkeit der Gehwege und öffentlichen Gebäude für Rollstuhlfahrer) zu achten. Ein anderes Kind soll seine Aufmerksamkeit auf Tiere (in Freiheit, als Nutztiere oder als Haustiere in Stadt und Land) lenken. Ein weiteres wird gebeten, seine ganze Konzentration auf blühende Blumen, Farben der Bäume, der Erde und der Steine zu richten. Keines darf dem anderen sagen, worauf es selber achtet. Es wird sich herausstellen: Jedes hat eine andere Welt gesehen.
3. Nichts ist ganz gleich, wir halten es nur dafür, weil wir das einzelne nicht genau genug kennen. Dem Städter erscheint in einer Schafherde ein Tier wie das andere. Der Schäfer kennt jedes einzelne. Geben wir jedem in der Familie am Mittwoch eine Zitrone (oder Apfelsine). Jeder soll die seine gut ansehen, sie häufig in die Hand nehmen, sie in Sichtweite liegen haben und genau kennenlernen. Am Sonntag bringen alle ihre Zitronen, legen sie in einen Korb, und einer mischt sie. Findet jeder »seine« Zitrone wieder?
Sicher gibt es noch viele ähnliche Spiele.
4. Wir bauen aus einem kleinen Karton einen Kasten, dessen eine Seite von einem Vorhang geschlossen wird, groß genug, um hineinzugreifen. Nun legt einer jeweils ein kleines Plastiktier, Figürchen, Auto usw. hinein. Der Reihe nach darf nur jeder hineingreifen und ertasten, was er fühlt. Man bleibt stumm, notiert sich, was man erkennt, bis alle durch sind.
5. Wartezeiten lassen sich immer und überall mit »ich seh' etwas, was du nicht siehst« – aber auch mit »ich hör' etwas ... – ich fühl' etwas ...« – verkürzen und nutzen. Wer's errät, ist dran.

Ich stand in der Schlange am Skilift. Vor mir zwei kleine Skihasen. »Bah, was stinkt das hier«, schimpft der eine. »Wo?« fragt der andere, »ich merke nichts.« »Mensch, das mußt du doch riechen«, empört sich der erste. »Nee, ich bin eben schwerriechig«, trotzt der andere.

Ich fahre mit dem einen zusammen hinauf. »Gibt es das, schwerriechig?« fragt er mich. Ich sage ihm, daß er das doch auch sei, wenn er Schnupfen habe. »Meine Oma ist schwerhörig, ist das auch so?« – »Weißt du was«, schlug ich vor, »steckt euch Sonntag mal alle den ganzen Tag lang Wattepfropfen in die Ohren, dann wißt ihr wie das ist, schwerhörig zu sein.« Er war ganz begeistert, und ehe wir oben ankamen, hatten wir noch überlegt, wie er erfahren könne, was blind und was lahm sein heißt. Gehen die jungen Leute vielleicht auch deswegen so bedenkenlos mit sich selbst, mit ihrem gesunden Körper und ihren fünf Sinnen um, weil sie gar nicht wissen, wie wertvoll diese sind? Früher erlebte man Gebrechen hautnah in der Familie, da konnte man sich vorstellen, was das heißt.

Helfen wir ihnen, indem wir sie wenigstens spielend erfahren lassen, wie das ist, behindert zu sein. Es wird ihnen wertvoller, erhaltenswerter machen, was ihnen sonst zu selbstverständlich ist.

1. Auf Wanderungen oder dem Sonntagsspaziergang, vielleicht auch nur auf dem abendlichen Gang um die gewohnten vier Ecken, nehmen wir eine schwarze Augenbinde mit. Einer ist »blind« und die anderen müssen ihn – ohne anzufassen – leiten, ihm erklären, wie die Dinge aussehen. Oder einer nimmt ihn an der Hand und leitet ihn, ohne ein Wort zu sagen, nur über den Kontakt mit der Hand. Es wird abgewechselt. Wir fragen den »Blinden« nach einiger Zeit, ob er vielleicht »mehr hört«.
2. Wir nehmen einfache Schwimmerbrillen (diese mit Gummiband umzulegenden Augenschützer gegen Chlor). Die Gläser kleben wir mit schwarzem Papier zu und sparen nur einen schmalen ausgeschnittenen Schlitz aus.
3. Die ganze Familie trägt einen ganzen Tag lang Ohropax.
4. Beim nächsten Familienpalaver tragen wir alle Fausthandschuhe oder müssen die Hände unter dem Tisch halten. (Gestik als Ausdruckshilfe wird bewußt.)
   a) Wir versuchen, gleichgültig, was wir sagen, keine Mimik, keinen Gesichtsausdruck zuzulassen oder halten uns ein-

fache Masken vors Gesicht. (Wir sprechen nicht nur mit Worten.)

b) Wir versuchen, uns einmal eine Zeitlang nur mit Zeichensprache zu verständigen.

c) Allen Rechtshändern wird für mehrere Stunden die rechte Hand, allen Linkshändern die linke Hand festgebunden.

d) Es gibt eine Berliner Behinderteninitiative, die verleiht Rollstühle an Schulen, damit Kinder ganz konkret lernen können, wie es ist, an den Stuhl gefesselt zu sein. Das darf allerdings nicht *zu* spielerisch werden. Der Rollstuhlfahrer darf nicht aufstehen, wann er will. Rollstuhlverleih gibt es vielerorts.

Spiele, die helfen, aufeinander zuzugehen

Da jeder Mensch, ob jung oder alt, sich ständig weiterentwikkelt – so sollte es zumindest sein –, ist ein gutes Verhältnis zueinander auch keine irgendwann einmal erreichte, sondern ständig neu zu gestaltende Fähigkeit. Wir müssen uns immer wieder bemühen, aufeinander zuzugehen, offen zu sein gegenüber der Veränderung des anderen. In der Welt des Festhaltens, des Verharrens im Hier und Jetzt der Lust, wo die Fragestellung »was bringt mir das« jede Überlegung »was gebe ich« fast verdrängt hat, sollten wir in der Familie das lebendige Miteinander, Füreinander, Zueinander trainieren.

1. Wir breiten eine Papiertischdecke auf dem Tisch aus und legen in die Mitte Malstifte. Ohne ein Wort miteinander zu reden oder sich durch Gesten oder Blicke zu verständigen, darf nun immer reihum jeder genau zwei Striche machen, die er ansetzen darf, wo er will. Ob wir ein gemeinsames Bild zusammenbekommen?
   a) Wir lassen laut verschiedene Hintergrundmusik laufen, mal Barockmusik, mal Hardrock. Sind die Gemälde unterschiedlich? In welcher Weise?
   b) Auch in Wartezimmern, auf Bahnfahrten und im Auto unterwegs ist dieses Spiel brauchbar. Ein Stift, ein kleines Stück Papier, und jeder darf einen Strich dazusetzen, gibt dann weiter.
2. Einer geht raus, und wir bestimmen einen in der Runde, den er herausfinden soll. (Es kann auch ein nichtanwesender Verwandter, guter Bekannter oder Prominenter sein).

   Der wieder Hereingerufene beginnt nun reihum zu

fragen: Wenn er oder sie ein Baum wäre, was wäre es für ein Baum – ein Auto – ein Gebäude – eine Blume – ein Wetter – ein Möbel? – Der Phantasie sind keine Grenzen gesetzt. Es ist erstaunlich, wie treffend sich Menschen so beschreiben lassen.

3. Blindekuh spielen, aber in etwas abgewandelter Form. Es werden nur die Hände hingestreckt (Vorsicht Ringe!), es soll nur der Kopf betastet werden, bei zugewendetem Rücken.
4. Familie verkehrt. Dieses Spiel muß klare Spielregeln haben. Keiner darf nach dem Spiel dem anderen etwas verübeln oder vorhalten. Das Spiel geht über eine festgelegte Zeit, in zwei Versionen. Keiner darf sich falsche Vorteile verschaffen (z. B. Kinder tun in der Rolle als Eltern nur so, als ob sie Alkohol tränken). Das erste Mal spielen die Eltern die Kinder und zwei Kinder die Eltern so, *wie sie einander sehen* und erleben. Das sollte möglichst über mehrere Stunden gehen, damit es ernsthaft genug wird.

   Das zweite Mal (möglichst kein *zu* langer Zeitabstand – etwa 1–2 Wochen) spielen die Eltern die Kinder und die Kinder die Eltern so, *wie sie sie sich wünschen.* Man kann viel lernen in diesem Spiel, und man kann es regelmäßig wiederholen, es wird immer Neues bringen.
5. Familienkonzert. Damit stemmen wir uns gegen Musikkonserve und perfekte Wiedergabe. Auch oder gerade wenn wir keine Instrumente spielen, sollten wir versuchen, einmal miteinander mit allen verfügbaren »Instrumenten« – vom Kamm über Topfdeckel bis Gießkanne und Staubsaugerschlauch – Musik zu machen. (Wer gibt den Einsatz? Wer bestimmt den Takt? Wer spielt wann ein Solo? Welche Melodie? Welche Tonfolge? Welche Tonhöhe? Wie laut?) Für uns war es immer das Schwierigste, unseren verzweifelten, aggressiven Kater und den jaulenden Hund mit ins »Konzert« zu integrieren.
   a) Das gleiche kann die handwerklich begabte Familie im Bereich Kunst oder Werken machen. Eine gemeinsame Nonsensantiplastik, ein Unsinnwertlosmöbel, eine Phantasienichtmaschine herzustellen, können mehr lehren, mehr Spaß machen und sinnvoller sein als alle brauchbaren Erzeugnisse.

Machen Sie sich und die Familie für die Kinder attraktiv, denn Phantasie und Einmaligkeit finden sie sonst kaum. Hier sind wir noch konkurrenzlos, und so kann Vorbeugung sogar Spaß machen.

VIII. Betroffene und Zuständige

Tanja W. schrieb nach einem Jahr Drogenkonsum, als ihre Wesensveränderung nicht mehr zu übersehen war:

»... heute habe ich meiner Mutter gesagt, daß ich gehascht habe, aber nur einmal. Mensch, was hat die sich aufgeregt! Am liebsten wollte ich ihr alles sagen, aber wegen einmal haschen sagt die direkt, ich soll zur Drogenberatungsstelle gehen. Total bescheuert! Dauernd kam sie in mein Zimmer, fing an zu flennen und fragte, was ich noch alles genommen habe.«

Natürlich hatte die Mutter nicht wegen des »einmaligen Haschens« solche Angst. Sie wußte längst, daß da mehr war als das, was ihre Tochter nun endlich zugab.

In ihrem Tagebuch steht:

»Heute war ich vor dem Dienst beim Jugendamt und bat um Hilfe. Ich brachte zum Ausdruck, daß ich nicht verstehen könne, daß alle sagen: Kann man nichts machen, mit Zwang geht nichts, nur wenn sie freiwillig wollen. Begreifen die denn nicht, daß Drogenkranke Menschen sind, die gar nicht wollen können! Bekommt man denn von unserem Staat erst Hilfe, wenn unsere Kinder Wracks geworden sind? Das Jugendamt sagte mir Unterstützung zu. Die Sozialarbeiterin sagte auch anerkennend, ich hätte mich wenigstens noch rechtzeitig gekümmert. Als wenn das was nützen würde, wenn nichts geschieht.«

Frau W. war auch zur Drogenberatungsstelle gegangen. Sie schrieb ihrer Tochter einen Brief:

»Liebe Tanja,
sicher wunderst Du Dich sehr, daß Du einen Brief von Deiner Mama bekommst, die Du doch jeden Tag sehen und sprechen kannst. Sprechen? Wir beide zusammen? Ist wohl in letzter Zeit nicht möglich, ohne daß wir uns anbrüllen oder ankeifen. Warum eigentlich? Du bist aggressiv, und ich rege mich auf. Können wir denn eigentlich gar nicht mehr ruhig miteinander reden? Darüber bin ich sehr traurig, und mir bleibt nur noch der Weg des Schreibens. Vielleicht komme ich so besser an Dich heran. Sieh mal, ich hatte früher so ideale Vorstellungen von

Familie und so, Kinder habe ich mir immer gewünscht, früher sogar wollte ich vier Kinder haben. Das zweite – also Dich – hatte ich sehr herbeigesehnt. Ich wußte nicht, daß Erziehung so schwer ist und daß man in dieser Beziehung so viel falsch machen kann. Ich habe Kindererziehung nicht studiert, dazu wäre wirklich ein Studium nötig. Aber Ihr müßt doch wissen und merken, daß ich Euch gern habe und Euch nie etwas Schlechtes gewünscht habe und Euch alles gegeben habe, was ich konnte und was in meiner Macht stand. Und trotzdem ist alles schief gelaufen. Ich bin darüber unsagbar traurig. Die größten Sorgen habe ich jetzt mit Dir, weil Du drohst, in eine Gesellschaft hineinzugeraten, wo Du einfach nicht reinpaßt. Du kannst und darfst mich doch nicht dafür bestrafen, weil ich in der Erziehung, wie Du mir vorwirfst, versagt habe. Ich bin doch auch nur ein Mensch. Und wenn Du z. Z. in der Schule nicht zurechtkommst, dann kannst und darfst Du Dich doch nicht irgendwohin flüchten, wo Du eventuell nie mehr herauskommst. Mir krampft sich das Herz zusammen, ich kann nachts nicht schlafen, solche Angst habe ich um Dich. Du bist doch mein Kind, und welche Mutter möchte auf so grausame Weise ihr Kind verlieren? Du drohst mir, abzuhauen. Vielleicht kannst Du mit Deinen 15 Jahren noch gar nicht überblicken, was das bedeutet. Wenn Du nicht weißt, wo Du übernachten sollst und irgendwo herumsitzt, dann wird sicherlich jemand darauf aufmerksam, der es nicht gut mit Dir meint und Dich zunächst bei sich übernachten läßt. Und schon hängst Du in einer ganz großen Scheiße drin, wo Du allein und ohne Hilfe vielleicht nicht mehr rauskommst. So ein Leben möchte ich Dir gern ersparen. Ich hab so große Angst um Dich, aber ich werde das Gefühl nicht los, daß Du dich in dieser Rolle sauwohl fühlst, wenn man Angst um Dich hat. Darum provozierst Du mich immer wieder. Du bist doch fast erwachsen und Du mußt wissen, es gibt schwache und starke Menschen. Ich gehöre wohl zu den schwachen. Aber das darf man doch nicht ausnützen. Ich bitte Dich sehr, nicht mehr dorthin zu gehen, wo Du Leute triffst, die mit Rauschmitteln zu tun haben. Bitte, bitte, bitte. Es löst überhaupt keine Probleme, sondern verstärkt sie nur noch.«

Tanja brüllt ihre Mutter zwar an wegen des Briefes, schreibt aber in ihr Tagebuch:

»Gestern hatte meine Mutter mir einen Brief geschrieben. Irgendwie total kitschig. Ich weiß zur Zeit selber nicht, was mit mir los ist. Vielleicht kommt das von den Pillen oder vom Shit, daß ich zu nichts mehr Lust habe. Seit ich mit dem Zeug zu tun habe, hat sich mein Leben sowieso total geändert. Andere Klamotten, andere Sprache und andere Musik. Meine Mutter war gestern morgen bei der Drogenberatungsstelle. Ich habe einen totalen Schock bekommen, als sie sagte, ich solle da anrufen.«

Aber das Mädchen denkt nach über den Brief und über sich und geht zu dem vereinbarten Termin. In ihr Tagebuch schreibt sie zwei Tage vorher:

»Am Sonntag war ich mit dem Turnverein Schlittschuhlaufen. Ich habe Bertram (der Turnwart) erzählt von den Drogen und gelogen, daß ich schon LSD und Heroin genommen habe. Ich muß jeden Tag an die Drogenberatungsstelle denken. In zwei Tagen haben wir Mittwoch. Irgendwie freue ich mich darauf, mit den Leuten da zu sprechen, aber ich habe mir vorgenommen zu lügen, und zwar, daß ich einmal LSD genommen habe.«

Und am Tag danach berichtet sie:

»Gestern war ich bei der Drogenberatungsstelle. Es war astrein! Dieser Harald ist schwer in Ordnung, er sieht ganz süß aus, und mit dem kann man über alles reden. Er fragte, was ich genommen hätte usw. Ich sagte mein Verschen auf und log.

Wir sprachen über die Familie, Freunde usw. Ich habe mich so richtig ›ausgesprochen‹. Dieser Harald sagt, daß wir uns mal mit der ganzen Familie zusammensetzen sollten, aber da sagte ich direkt, daß das keinen Zweck hätte. Ich war 1¾ Stunde da und am 1. soll ich wieder hin. Ich freue mich irgendwie darauf.«

Sie geht eine Zeitlang zur Drogenberatung und von dort aus direkt auf die Scene. Für sie ist da kein Widerspruch drin, denn sie erlebt auch die Drogenberatung als totale Verstärkung ihrer Sehnsucht, ein Junkie zu sein.

Harald weiß ja nicht, daß Tanjas Idol der Fixer ist. Er verzichtete, um ihr Vertrauen nicht zu verlieren, auf das Treffen mit der Familie. Wie sollte er aber ohne die notwendige Hintergrundinformation und daher ohne Kenntnis der Alltags-Tanja erkennen können, wie falsch das ist, was er so wohlmeinend zu ihrer »Hilfe« arrangierte?

Tanja erlebt das so:

»Heute war ich bei der Drogenberatung. Es war unheimlich irre gewesen. Wir haben so 'ne Scene gespielt, ich war Junkie und sollte Harald durch Überreden anfixen und dann umgekehrt. Ich habe mich als Junkie sehr stolz gefühlt. Ich glaube, das waren die schönsten 1½ Stunden, die ich bis jetzt bei der Drogenberatung verbracht habe.«

Als sie aus allem heraus – Elternhaus und Scene – freiwillig in ein Internat geht, ist es Harald, der ihr mit sehr viel Einfühlungsvermögen, Klugheit und Wärme Briefe schreibt und ihr Durchaltevermögen stärkt. Nach Tanjas Tod schreibt er der Mutter:

»... und hatte Angst vor Fragen, die ich mir selbst stellte: Habe ich etwas falsch gemacht? Hätte ich etwas tun können, um Tanjas Selbstzerstörung aufzuhalten und zu verhindern? – Die Ohnmacht, die ich als Drogenberater erlebe – für Sie als Mutter muß sie noch viel schlimmer sein.«

Beide, Drogenberater und Eltern, können sich sagen, das ihnen Mögliche getan zu haben. Aber – und darüber gilt es nachzudenken – wäre ihnen gemeinsam und in Zusammenarbeit nicht doch mehr möglich gewesen? Warum empfinden sich Drogenberater so oft als Gegner oder Stellvertreter der Eltern, warum versucht man nicht, viel mehr zusammenzuarbeiten, denn beide mühen sich doch in der gleichen Richtung: weg von den Drogen zu führen. Auch könnten sich beide so gut ergänzen, denn was dem jungen, fachlich qualifizierten und menschlich noch so engagierten Drogenberater oft fehlt, ist – weil er jung ist – die Geduld, Güte und das durch Lebenserfahrung und Liebe im Einzelfall mögliche Durchhaltevermögen. Drogenberater können dafür den Eltern helfen, Distanz und Gelassenheit zu gewinnen, können ihnen Anstoß geben zur Selbstveränderung, können sie mit Lebensmut und mit Verständnis für menschliches Versagen unterstützen.

Die Zeit, da Eltern über Drogenberater berichteten, die sogenannte weiche Drogen selber nahmen oder tolerierten, scheint Gott sei Dank überwunden. Statt dessen macht uns eine andere Erscheinung zu schaffen, die vielleicht durch ein selbstverständlicheres Zusammengehen von Eltern und Drogenberatern aufgefangen werden könnte.

Das auf Fachschulen Erlernte ist für die Praxis in Drogenberatung und -hilfe oft zu theoretisch, zu einseitig und vielfach auch noch ideologisch überbaut. Es gehören viel menschliche Kraft und viel Idealismus für junge Fachleute dazu, die erste Lehrzeit in der praktischen Arbeit nervlich und seelisch zu verkraften. Es muß dabei auch immer wieder durch Fehler gelernt werden. Fehler, die Drogenberater an unseren Kindern machen, so wie wir immer wieder Fehler gemacht haben und wie wir sie einander zugestehen müssen. Tragisch und unerträglich wird das aber, wenn die Abwanderung gerade der Sensiblen unter ihnen so schnell geht – und die Fluktuation in Drogenberatung und -therapie ist erschreckend –, daß das so Erlernte dann nicht mehr zum Tragen kommt.

Der Drogenberater Harald schreibt:

»Ich weiß nicht, ob ich noch einmal in der Drogenberatung tätig werde. Die Ohnmacht und die Enttäuschungen waren oft hart zu ertragen.«

Doch »zuständig« sind nicht nur die Drogenberatungen. Es gibt in der Vielzahl von Elternbriefen, die Schwierigkeiten, Mißverständnisse, mangelhafte Kenntnisse bis zu Verantwortungslosigkeiten in der Behandlung des Drogenproblems durch Behörden und Zuständige aufzeigen, einige, die ganz typische Fehler und nicht nur das allgemeine Versagen der Bürokratie deutlich machen.

So schreibt eine Mutter 1978:

»Bis zum April 1977 glaubten wir eine harmonische, fröhliche Familie mit all ihren Alltagssorgen und -freuden zu sein. Unser Jüngster besuchte das Gymnasium mit gutem Erfolg, ohne besonderen Ehrgeiz und ohne besondere Anstrengungen, war beliebt bei Lehrern und Schulkameraden, ein großer Sportler und ein aufmerksamer Sohn, der aber auch nicht immer das wollte, was seine Eltern wollten. Eine vollkommen normale Entwicklung in diesem Alter, die keinerlei Anlaß zu Besorgnis gab. Bis dann die Wende kam. Mir fiel Anfang des Jahres 1977 eine zunehmende Veränderung seines Wesens auf, und nach detektivischer Kleinarbeit kam mir der Verdacht, daß Haschisch die Antwort sein könnte. Ich fragte Walter und bekam auch bereitwillig die Bestätigung, daß er seit seiner Geburtstagsparty, in unserem Hause also, rauche.

Und damit begann die den meisten betroffenen Eltern wohl allzu bekannte Ochsentour. Wir fingen an mit Erziehungsberatungsstelle, Psychiater, Hausarzt, Schulpsychologen, Drogenberatung – dort ließ man ihn zehn Minuten in gegenseitigem Anschweigen sitzen und entließ ihn mit der Erklärung, er sei nicht motiviert.

Mit zunehmendem Drogenkonsum und den sich damit zwangsläufig ergebenden Verhaltensmustern (Schulabbruch, Aggressionen bis zu Tätlichkeiten uns gegenüber, Stehlen, Verstoß gegen das BTM-Gesetz, Abbruch aller Beziehungen zu

Familie und Verwandtschaft, Dealen, vollkommene körperliche Verwahrlosung) wurden wir immer verzweifelter. Auf Anraten von Prof.... wandten wir uns im März 1978 an das zuständige Jugendamt und baten um eine, wenn unumgänglich, auch zwangsweise Einweisung, um überhaupt einmal feststellen zu lassen, ob der Verfall der Persönlichkeit unseres Sohnes auf Konsum von Drogen oder auf anderen psychischen Störungen beruhte, und ihn, wenn möglich, zu einer Therapie zu motivieren.

Dieser Kampf mit dem Jugendamt dauert jetzt schon neun Monate, in denen von einem durchaus hilfsbereiten und freundlichen Sozialarbeiter immer wieder das Drogenproblem verharmlost und die Pubertätsschwierigkeiten dramatisiert wurden. (Das war wohl sein Sachgebiet.)

Am 16. Okt. 78 beantragten wir die freiwillige Erziehungshilfe beim Jugendamt, um endlich einmal eine offizielle Stellungnahme zu erzwingen. Am 23. Okt. gab man uns auf meinen Anruf hin telefonisch den Rat, ihn doch in eine Wohngemeinschaft im Nachbarort ziehen zu lassen. Dort werde zwar gekifft, aber der Auszug wäre wohl für alle das beste.

Da wir zu diesem Zeitpunkt unter großen seelischen Belastungen standen – die Mutter meines Mannes lag im Sterben –, willigten wir ein, um uns auch einmal eine Atempause zu gönnen.

Am 4. Dez. wurde uns schriftlich mitgeteilt, daß die Gewährung freiwilliger Erziehungshilfe abgelehnt werden müsse. In der Begründung wird angeführt, daß Walter erstmals offen eingeräumt habe, daß er seit längerer Zeit Drogen nehme und auch weiterhin regelmäßig Haschisch rauchen werde. Anläßlich seiner Anhörung beim Vormundschaftsgericht – die wir auch beantragt hatten, ohne irgend etwas über den Verlauf zu hören – am 1. 11. gab er dies auch dort zu Protokoll. Nun zitiere ich weiter aus dem Brief des Jugendamtes: ›Nachdem Walter freiwillige Hilfe mit sozialpädagogischen und therapeutischen Mitteln ablehnt, er aber wegen Drogenabhängigkeit behandlungsbedürftig erscheint, wäre Ihrerseits zu erwägen, seine zwangsweise Unterbringung zum Zwecke der Entziehung über das Ordnungsamt zu beantragen. Möglicherweise gelingt es im Rahmen einer solchen Maßnahme, Walter zu einer sogenannten Langzeittherapie zu motivieren.‹

Ich muß sagen, daß dieser Brief bei uns wie eine Bombe einschlug. Unser Sohn hatte noch nie abgestritten, Drogen zu konsumieren, auch nicht beim Jugendamt. Und jetzt, nach neun

Monaten, in denen wir Sturm auf das Jugendamt gelaufen sind, wird uns empfohlen, eine zwangsweise Einweisung über das Ordnungsamt zu ›erwägen‹. Eine Maßnahme, um die wir seit neun Monaten bitten und die immer wieder mit Hinweis auf die Gesetze als undiskutabel abgeschlagen wurde. Wir wurden auch nie darauf hingewiesen, daß dieser Antrag beim Ordnungsamt gestellt werden muß. Walter lebt jetzt, ohne irgendwelche Unterstützung unsererseits, seit dem 24. Okt. in der Wohngemeinschaft, seinen Unterhalt bestreitet er bestimmt nicht durch Arbeit. Ein kurzer Anruf beim Rauschgiftdezernat bestätigte unsere Vermutung, daß die beiden Mitbewohner der W. G., genau wie unser Sohn, polizeibekannte Dealer sind. Es ist uns vollkommen unbegreiflich, wieso das Jugendamt, das sich ja genausogut informieren konnte, einen drogenabhängigen, minderjährigen Jungen mit freundlicher Genehmigung in eine solche W. G. ziehen läßt und den Eltern auch noch empfiehlt, die Zustimmung zu geben. Wir vermuten, daß der Sozialarbeiter zwischenzeitlich wohl auch etwas Bedenken bekommen hat, denn von dieser Empfehlung des Jugendamtes steht nichts in dem Brief.

Nun hatten wir beim Ordnungsamt unser erstes Gespräch mit dem zuständigen Beamten, der gottlob noch von Pseudo-Drogenwissen unbeleckt ist und die Notwendigkeit der Zwangseinweisung bejaht. Hoffentlich informiert er sich nicht in der Zeit, die wir brauchen, um Atteste beizubringen (von Drogenexperten, die Entziehung ohne Motivation an sich von vorneherein ablehnen). Als eine witzige Komponente meines Berichtes möchte ich noch erwähnen, daß mich der für eine Zwangseinweisung zuständige Richter ernsthaft darüber belehrte, daß Konsum und Handel von Rauschgiften strafbar wäre! Das einer Mutter, die seit zwei Jahren sozusagen im Geschäft ist.

Unser Weihnachtswunsch ist eine Einweisung, vielleicht geschieht doch das Wunder, daß Walter, wenn auch kurzfristig, das Ausweglose seiner Situation erkennt und, wenn auch nur ein kurzes Stück, auf dem langen Weg zur Heilung gehen kann!«

Die Einweisung gelang, aber der Krankenhausaufenthalt war nur kurz. Der zuständige junge Arzt nämlich war der Meinung, »keine körperlichen Entzugserscheinungen – keine Krankheit« und befürwortete die richterliche Aufhebung der »Zwangsmaßnahme« durch den dort zuständigen Richter. Die Talfahrt wird beschleunigt.

1980 sieht es so aus:

»Bei uns gibt es leider keine guten Nachrichten. Walter sitzt

seit dem 2. 7. 80 in der JVA. Die Verhandlung war am 15. 10. Das Urteil: drei Jahre, da die Drogenabhängigkeit des Angeklagten als nicht so bedeutend gewertet wurde, seine ›schädlichen‹ Neigungen dafür um so mehr. –

Er hatte einen bewaffneten Raubüberfall (Küchenmesser) in einer Boutique mit einem anderen Fixer begangen, Beute DM 55,–. Der Drogenberater, der ihn in Therapie bringen wollte, saß im Gerichtssaal, alles war perfekt, nur bestand der Richter auf dem Sühnegedanken (der Staatsanwalt hatte zwei Jahre gefordert). Sein Komplice hat zwei Jahre mit Bewährung und Therapieauflage bekommen. Der Ausgang dieser Verhandlung hat uns persönlich sehr verunsichert. Wir müssen uns fragen, ob unser konsequentes Verhalten, mit dem wir, so gesehen, am Ausgang der Verhandlung mitschuldig sind, richtig war. Die Eltern des Komplicen haben ihren Sohn nie polizeilich abgemeldet, hatten ihn bei Straftaten gedeckt und ihm auch einen Arbeitsnachweis – vermutlich – fingiert. Daher erschienen dem Gericht die sozialen Voraussetzungen günstiger, und er bekam die Chance der Therapie. Walter dagegen war ohne festen Wohnsitz, arbeitslos und wegen kleiner Delikte vorbestraft, und da das Gericht ihn als fast hoffnungslosen Fall ansah (18 Jahre!) und Therapien sowieso als zu 98% unwirksam beschrieb(?!), das harte Urteil. Man argumentierte, da der Angeklagte im Gefängnis ja auch ohne Drogen leben kann, könne er das bei etwas gutem Willen auch in der Freiheit. Die beiden Fälle wurden übrigens von verschiedenen Gerichten verhandelt.

Nun hoffen wir auf die Berufung und darauf, daß die Richter dann etwas mehr als gar keine Ahnung von Drogen haben. Bis jetzt ist Walter noch entschlossen, eine Therapie zu machen, aber wie lange noch? Nebenbei, Stoff gibt es auch in der JVA.«

Eine andere typische Geschichte sieht aus der Sicht der Eltern so aus:

»Im November 1976 erfuhren wir, daß unser Sohn heroinsüchtig ist. Wir gingen mit ihm zu Ärzten (»Man kann nichts machen, außer dafür zu sorgen, daß die restliche Familie nicht daran zugrunde geht.«) und zu Beratungsstellen (»Man kann nichts machen, wenn Bereitschaft zur Therapie fehlt.«). Im Juni 1977 zog unser Sohn aus dem elterlichen Haus in eine Wohngemeinschaft, da wir die Besuche Drogenabhängiger im Hause untersagt hatten und uns weigerten, ihn weiter zu unterhalten, wenn er sich keiner Behandlung unterzog. Seitdem wurde er vom Sozialamt unterhalten. Die Forderungen des Sozialamtes an uns,

die geleisteten Beträge zurückzuzahlen, lehnten wir ab, da wir nicht gewillt waren, auf diesem Wege schließlich doch noch die Drogenkarriere unseres Sohnes zu unterstützen.

Es muß eine Möglichkeit gefunden werden, daß die Sozialämter Drogenabhängigen die finanzielle Unterstützung verweigern können; durch die gezahlten Beträge wird eindeutig Beihilfe zum Selbstmord oder zu strafbaren Handlungen (dealen, Drogenkonsum) geleistet.

Am 21. 7. 77 versuchter Selbstmord mit großen Mengen Valium, er verweigerte im Krankenhaus das Magenauspumpen (der Arzt: »Daran stirbt er nicht; helfen kann man ihm nicht.«). Am nächsten Abend brach unser Sohn nach einer Überdosis bewußtlos zusammen, wurde vom Notarzt wiederbelebt und anschließend zur Polizei gebracht. Wir bestanden darauf, daß ein Amtsarzt hinzugezogen werde zwecks Zwangseinweisung – der Amtsarzt lehnte dies trotz der akuten Selbstgefährdung ab! Am nächsten Tag suchte unser Sohn das Ärztehaus in ... auf, wo man ihm Valoron verschrieb! Danach *setzte uns der Arzt telefonisch in Kenntnis.*

Am 27. 7. 77 erfolgte auf unser Betreiben über das Sozialamt eine Zwangsvorführung beim zuständigen Amtsarzt, der wiederum eine Zwangseinweisung ablehnte.

Am 15. 6. 1978 wurde unser Sohn, als er in ziemlich desolatem Zustand beim Sozialamt vorsprach, einem Arzt vorgeführt und über das Amtsgericht in die Psychiatrische Klinik eingewiesen. Nach etwa zehn Tagen entwich er auf dem Weg zur Turnhalle.

Während seines Aufenthaltes in ... bekam er zweimal einen Arzt zu Gesicht, jedoch keinen Psychologen oder Sozialarbeiter, obwohl der Aufenthalt dort nach der Entgiftung ja wohl der Motivierung zur Langzeittherapie dienen soll.

Er berichtete, daß in ... – wie sattsam bekannt – reichlich Heroin zur Verfügung stünde und man dort keine Möglichkeit habe, ein drogenfreies Leben zu beginnen. Da er bei seiner Einlieferung keine Entzugserscheinungen hatte, wurde der Unterbringungsbeschluß des Amtsgerichtes nach ärztlicher Bestätigung am 27. 6. 78 wieder aufgehoben.

Wir nahmen unseren Sohn zu uns in den Betrieb, wo er am 1. 9. 78 eine Lehre begann, die jedoch mangels Berufsschulbesuch nicht aufrechterhalen werden konnte. Am 15. 11. 78 trafen wir ihn unter Einwirkung größerer Mengen ärztlich verschriebenen Distraneurins an; er gab zu, weiter Heroin gespritzt zu haben. Wir veranlaßten erneute Zwangseinweisung über das Sozialamt und Amtsgericht und versuchten vergeblich, ihn nach... einweisen zu lassen, da uns die Einweisung nach... aufgrund der bisherigen Erfahrungen völlig sinnlos zu sein schien. Zu diesem Zeitpunkt erklärte unser Sohn erstmals Bereitschaft zu einer Therapie.

Wegen angeblicher rechtlicher Schwierigkeiten erfolgte erneut Einweisung nach... Auch bei dem zweiten Aufenthalt unseres Sohnes fand sich kein Sozialarbeiter oder Psychologe zu einem motivierenden Gespräch.

Wir bemühten uns in unzähligen Telefonaten, möglichst umgehend einen Therapieplatz für unseren Sohn zu finden, da er unter allen Umständen so schnell wie möglich aus... wegwollte, und wir befürchteten, daß angesichts der dortigen Verhältnisse seine Therapiewilligkeit nicht lange vorhalten würde.

In diesem Zusammenhang ist darauf hinzuweisen, daß der wirklich sehr engagierte Leiter des zuständigen Sozialamtes keinerlei Kenntnis von Therapieeinrichtungen und Wegen zu deren Einleitung hatte. Wir stellten ihm in Fotokopie Unterlagen zur Verfügung, die wir über den Angehörigenkreis beim »Verein Zuflucht«, die Landesstelle für Suchtgefahren und die Jugendberatung erhalten hatten.

Seit dem 28.11.1978 befindet sich unser Sohn zur Langzeittherapie bei der Drogenhilfe... Die sofortige Aufnahme konnte nur erfolgen, weil wir uns schriftlich bereiterklärten, die Therapiekosten selbst zu übernehmen, bis ein Kostenträger gefunden war.

Danach begann die Suche nach einem Kostenträger, da es uns auf die Dauer nicht möglich ist, monatlich DM 2500,– an Therapiekosten aufzubringen.

...verwies an die Krankenkasse, die sich zunächst nicht für zuständig erklärte. Es folgte eine Reihe von weiteren Telefonaten, die schließlich ergaben, daß die Krankenkasse den Antrag beim Sozialversicherungsträger (BfA) zu stellen hat. Es gelang uns endlich, der Krankenkasse dies klarzumachen. Der Antrag vom 28.11.78 wurde schließlich am 14.3.1979 (die Verzögerung entstand im wesentlichen, weil... erst nach mehrmaliger Mahnung die erforderlichen ärztlichen Gutachten schickte) dahingehend beschieden, daß ab 9.3.1979 zunächst für sechs Monate die Kosten durch die BfA übernommen werden.

Wir reichten daraufhin die bisher angelaufenen Rechnungen in Höhe von rund 8000,– DM ebenfalls bei der BfA ein mit der

Bitte um Kostenübernahme, wurden aber an die Krankenkasse verwiesen, auf deren Stellungnahme wir jetzt seit mehreren Wochen warten. Es fehlen eindeutige Verfahrenshinweise (die Broschüre »Drogenberatung wo?« des Bundesministers für Jugend, Familie und Gesundheit weist lediglich auf Gesetze hin, bietet aber keine konkreten Angaben darüber, wer wo welchen Antrag zu stellen hat (beim Sozialamt absolute Fehlanzeige), die den Sozialämtern, Krankenkassen und Rentenversicherungsträgern zur Verfügung gestellt werden müßten, damit hier nicht zu der ohnehin starken Belastung durch einen Drogenfall in der Familie noch ein endloser bürokratischer Papierkrieg entsteht.

Wir übersenden anbei in Fotokopie ein Schreiben der BfA an die Drogenhilfe ... vom 21. 2. 1979, dessen Satz, »danach müßte der Antrag des Betreuten abgelehnt werden, wenn infolge eines späten Eingangs des Befundberichtes eine Bewilligung der Entziehungskur noch vor Beginn derselben nicht möglich ist«, u. E. den Gipfel bürokratischer Beschränktheit darstellt, die in unterlassener Hilfeleistung bei akuter Lebensgefahr mündet, für die jeder Bürger strafrechtlich zur Rechenschaft gezogen wird.

Wenn man die langerhoffte Bereitwilligkeit zur Therapie, die am nächsten Tag vielleicht schon nicht mehr vorhanden ist, nicht sofort nutzt, ist möglicherweise danach das Leben des Drogenkranken nicht mehr zu retten. Wenn sogar Bereitwilligkeit und *Therapieplatz gleichzeitig gegeben sind, darf die Behandlung des Drogenabhängigen doch nicht an der zeitraubenden Beantwortung der Frage ›Wer zahlt‹ scheitern.*

Wir hoffen, daß diese Schilderung der Vorgänge aus unserer Sicht dazu beiträgt, daß anderen Angehörigen von Drogenabhängigen die amtlichen Wege etwas erleichtert werden – die seelische Belastung kann ihnen ohnehin niemand abnehmen.«

Betroffene wissen, was hinter dem letzten Satz steht.

Und die Familie von Reinhard erlebte das so:

»›Wir‹, das sind Vater, Mutter und Tochter, wurden zum ersten Mal mit Rauschgift und seinen Folgen konfrontiert. Und zwar hautnah. Der Sohn und Bruder unserer Familie, er wohnte in seiner eigenen Wohnung, hatte durch seine Sucht enorme Schulden. Als Familie, die nicht gerne von der Gesellschaft schief angesehen werden möchte, gewährten wir ihm finanzielle und seelische Unterstützung. Doch diese Hilfe war leider keine.

Seine Freundin und er wohnten zusammen. Beide waren heroinsüchtig. Der Schuldenberg wuchs, der Ärger wurde immer größer. Im April nahmen wir Reinhard wieder zu Hause auf.

Alleine konnte er nicht existieren, aber seine Unabhängigkeit wollte er auch behalten. Um ihn an zu Hause zu binden, wurde auf sein Drängen auch seine Freundin bei uns aufgenommen. Unter ständiger Angst unsererseits, und dem damit verbundenen Druck, wuchsen die Spannungen. Noch war es erträglich, zumal die beiden versuchten, den Schuldenberg durch geregelte Arbeit abzutragen.

Bis August des folgenden Jahres schien die Welt in Ordnung zu sein. Man glaubte, über den Berg zu sein. Doch leider rutschte man auf der anderen Seite in rasender Geschwindigkeit wieder hinunter. Ein Gläubiger unseres Sohnes besuchte uns, um eine Rechnung, die längst beglichen sein sollte, einzutreiben. Das brachte nun die Wahrheit an den Tag. An diesem Tag gestanden beide, wieder süchtig geworden zu sein. Von nun an ging es erst richtig los. Zwei Süchtige mit starken Entzugserscheinungen. Was *tun?*

Nach endloser Telefoniererei war es uns gelungen, ein Bett für Reinhard im Krankenhaus aufzutreiben. Alternativlösungen zu einem Krankenhaus gibt es leider noch nicht. Also ist man auf die Gnade der Krankenhausärzte angewiesen.

Seine Freundin übergaben wir der Obhut ihrer Eltern. Denn diese Doppelbelastung wäre zu groß gewesen.

Nach sechs Tagen wird Reinhard auf eigenen Wunsch entlassen. Wieder die ängstliche Frage: ›Was tun?‹ Wie verhält man sich ihm gegenüber? Drogenberatungsstellen werden in rauhen Mengen angerufen. Diese Hilfe ist jedoch sehr kläglich. Die Antworten sind immer dieselben. Man sagt: ›Er ist krank, bedenken Sie das. Wenn er nicht entziehen will, kann man nichts machen. Lassen Sie ihn in der Gosse liegen!‹ Jetzt sind bei uns wenigstens alle Klarheiten beseitigt. Über diese Soforthilfe sind wir sehr begeistert. Der Erfolg dieser Hilfe zeigt sich wenig später, Reinhard verschwindet. Man hat ihn als Aushilfsfahrer angestellt und mit DM 2000.– auf die Reise geschickt. Der Unternehmer kannte nicht einmal seinen Wohnsitz. Umwerfend, daß er den Zunamen wußte. Nun ist das Geschrei groß. Wer haftet für einen volljährigen Menschen?

Die erste und einzige wirkliche Hilfe erfahren wir von einem Elternkreis drogenabhängiger Jugendlicher, von einer selbst betroffenen Mutter. Sie wußte mit Möglichkeiten und Adressen zu helfen.

Knapp eine Woche später, um 22 Uhr, rief uns die holländische Kripo an. Von ihr erfuhren wir, daß unser Sohn in

Behandlung in einem ihrer Krankenhäuser ist und einen Selbstmordversuch unternommen hatte. Wir sollten ihn abholen, der Arzt gäbe die nötigen Medikamente mit. Durften wir nun über die Grenze oder nicht? Denn er wurde in Deutschland schon gesucht. Telefonate die ganze Nacht. Schließlich einigten wir uns, ihn abzuholen. Was uns da erwartete, war kein krimineller Erwachsener, sondern ein hilfloses Kind. Ein Bild des Jammers. An der Grenze hatte man ihm die Medikamente des holländischen Arztes weggenommen. Eine Anzeige deswegen erfolgte auch. Weil diese Tabletten in Deutschland verboten sind. Aber wieso zeigt man ihn an? Schließlich hat er ja nicht geschmuggelt. Fragen über Fragen.

Zu Hause angekommen stellt sich wieder die Frage: ›Was tun mit einem Süchtigen?‹ Denn ohne Medikamente ist das nicht zumutbar. Unser Hausarzt hat uns dann geholfen, die Zeit bis zur Einlieferung ins Landeskrankenhaus, die mit großer Mühe erreicht wurde, zu überbrücken. Wir können ihn dort endlich hinbringen. Er geht freiwillig. Sehr ungewöhnlich, wie uns die Ärzte dort sagten. Der Arzt, der ihn betreut, gibt sich große Mühe. Denn wenn die Süchtigen aufsässig werden, was meistens der Fall ist, werden sie entlassen. Annahme ist, daß keine Motivation zur Heilung vorhanden ist.

Sind es nun Kranke oder nicht? Von einem Kranken, der zeitweise nicht Herr seiner Gedanken ist, kann man doch keine Motivation erwarten – oder doch?

Sieben Tage später müssen wir ihn wieder abholen. Er ist, wie erwartet, aufsässig geworden. Der Rat der Ärzte: ›Lassen Sie ihn mit Sack und Pack hier stehen, er soll sehen, wie er nach Hause kommt.‹ Eine verdammte Zumutung für die Familie, die ihren Angehörigen trotz allem liebt. Er hat nicht einen Pfennig in der Tasche.

Nein, das kann man doch nicht als Hilfe bezeichnen, weder für Eltern noch für Süchtige. Also helfen wir uns wieder selbst. Wir stehen mit Daytop in Verbindung und hoffen, ihn dort in einer Therapie unterbringen zu können. Vier Tage später verschwindet er wieder. Nach drei Tagen steht er mit starken Entzugserscheinungen in der Tür. Versuche, ihn wieder im Landeskrankenhaus unterzubringen, sind sehr schwierig. Das freiwillige Kommen muß in eine Zwangseinweisung umgewandelt werden, da sonst keine Aufnahme erfolgen kann. Das war einen Tag später. Man verspricht uns, daß er nun sechs Wochen bis zu einer nahtlosen Übergabe in eine Therapie bleiben darf. Man sichert uns das auch von seiten der Betreuer und der Allgemeinen Ortskrankenkasse zu. Sie wollen sich nun um den Fall kümmern. Wir sind nun ständig auf den Beinen, um ihn in eine Therapie unterzubringen. Unsere Hoffnungen werden 14 Tage später zunichte gemacht. Reinhard wird entlassen. Der Arzt ist machtlos. Er bekommt sogar Schwierigkeiten, weil er die längere Unterbringung veranlaßte.

Grund des Rausschmisses: Wegen mangelnder Motivation zur Heilung übernimmt die Krankenkasse keine Kosten! Einem unheilbar krebskranken Patienten, der den Lebensmut verloren hat, verweigert man doch auch die Kostenübernahme nicht.

Alle Hebel werden durch uns in Bewegung gesetzt. Doch gegen diese Schreibtischhengste kommt man nicht an. Nun ist er wieder zu Hause. Sein Zustand verschlechtert sich von Tag zu Tag. Fast jeden Tag ist er unterwegs. Mal wird er zum Gesundheitsamt gebeten, dann zum Amtsarzt, dann zu einem Therapeuten in . . ., und so geht's weiter. Nach den Kosten fragt man nicht. Ein bißchen Unterstützung kann man von den Eltern schließlich erwarten!!! In den nächsten Wochen wird seine Kriminalität immer schlimmer. Die Kontakte, die er in . . . pflegte, taten das ihrige dazu. . . . ist als Drogenumschlagplatz bekannt.

Unsere Reaktionen auf diese Vorfälle sind nicht gerade erfreulich. Spannungen zwischen der Familie und dem Süchtigen steigern sich bis ins Unermeßliche. Reinhard verschwindet wieder. Dann kommt wieder ein Anruf aus einem Krankenhaus. Reinhard liegt mit starken Entzugserscheinungen auf der Intensivstation, Gespräche mit dem behandelnden Arzt ergeben, daß sein Zustand bedrohlich ist. Der Arzt erklärt, daß Körper und Organismus derart mitgenommen sind, daß es zum Atemstillstand kommen kann. Einige Tage später bricht Reinhard nachts den Medikamentenschrank im Krankenhaus auf. Auf Grund dessen wird er der Kripo übergeben. Das trotz seines bedenklichen Zustandes. Wir setzen uns mit unserem Rechtsanwalt in Verbindung, der sich um diesen Mißstand kümmert. Auskünfte von der Polizei, wo unser Sohn abgeblieben ist, bekommen wir als Familie nicht. Erst der Rechtsanwalt erfährt, daß er einsitzt, und veranlaßt, daß er in ein Haftkrankenhaus verlegt wird. Um das zu erreichen, hat unser Anwalt den Kammergerichtspräsidenten aus dem Urlaub geholt. Dieser hat den Umzug dann veranlaßt!

Solch ein Hin und Her ist nötig, um einem Süchtigen wenigstens ein klein wenig zu helfen. Ohne Rechtsbeistand ist man als

Normalverbraucher hilflos. Doch dieser kostet Geld. Was machen betroffene Eltern, die keine finanziellen Mittel besitzen? Diese möchten ihren Kindern helfen und können nicht.

Doch die Verlegung erwies sich auch nicht als optimal. Denn die Behandlung dort war die gleiche wie im Gefängnis. Als normaler Mensch stellt man sich das nicht so vor.

Süchtige brauchen seelische Unterstützung, die sie im Gefängnis selbstverständlich nicht erwarten können.

Daraufhin ließ er sich wieder zurück ins Gefängnis verlegen. Dort hat er wenigstens die Möglichkeit, etwas Sinnvolles zu tun. Die Arbeit verhilft zu Ablenkung und zu den nötigen Erfolgserlebnissen.

Frage: ›Sind Süchtige, die mit dem Gesetz durch ihre Sucht in Konflikt geraten, Kriminelle oder Kranke?‹

Behörden, Berater und Gesetz sind sich darüber leider nicht einig. Sonst würde der Hilfeschrei der Eltern und der Süchtigen nicht so unbeachtet bleiben. Man überläßt sie dem Schicksal. Es ist an der Zeit, etwas zu tun. Denn die Zahl der Süchtigen nimmt von Tag zu Tag zu. Die Dunkelziffer ist schockierend. Ist es nun billiger und sinnvoller, Suchtkranke sofort in ein eigens dafür geschaffenes Haus zu bringen, oder ist es besser, sie frei gewähren zu lassen, bis sie so straffällig geworden sind, daß sie hinter Gitter müssen?? Nochmals der Hilfeschrei einer von vielen betroffenen Familien! Wer hilft bei diesem Problem?

Eltern sollten aus ihrer Anonymität heraustreten und sich ihres Unglücks nicht auch noch schämen. Niemand weiß, ob es ihn selbst nicht schon morgen trifft!

Nur so kann man die Gesellschaft dazu zwingen, diese Menschen zu verstehen und ihnen zu helfen. Voraussetzungen dazu sind aber auch, daß die hierfür bestehenden Einrichtungen der Kommunen und des Kreises das fehlende Verständnis und die nötige Sorgfalt endlich aufbringen!«

Auch Tanjas letzte Lebenstage erzählen die Geschichte von einer Welt, in der sich kaum mehr einer für den anderen – auch wenn das ein krankes, verlorenes Kind ist – wirklich verantwortlich fühlt. Tanja war nun Allesfresser, »Polytoxikomanin«, und ihr Freund ein Fixer wie in »Wir Kinder vom Bahnhof Zoo«. Beide landeten wieder einmal im Landeskrankenhaus, und endlich – was kaum mehr zu hoffen war – wollen sie eine Therapie machen.

Allerdings klappt der Übergang – wie so oft aus technischen Gründen – nicht. Sie sind erst mal wieder draußen. Ein

Wochenende noch auf der Scene, einmal noch frei vor der Therapie.

Freitag: Sie brauchen wohl Geld und versuchen das, was Tanja von Christiane F. gelernt hat, umzusetzen. So schrieb sie früher schon mal in ihr Tagebuch: »Gerade überlege ich, wie ich das Geld für Heroin bekommen kann. Ein Viertel kostet 75 Eier, und anschaffen gehe ich nicht. Meine Eltern bestehle ich auch nicht. Und wer gibt schon 75 Mark für's Runterholen? Das wäre das einzige, was ich für Heroin machen würde.«

Freitagabend spät: Ein Mann spricht die beiden an, man sitzt beieinander, verhandelt und begleitet ihn am frühen Morgen in sein Hotel, um Valium zu holen. Tanja geht mit aufs Zimmer. Aber dann kommt alles ganz anders als bei ihrem »Idol« Christiane F. in dem verflixten Buch. Sie wird brutal vergewaltigt und verletzt – weil sie sich wohl panisch wehrt – und dann in einem Schrank eingeschlossen. Wieviel Angst muß der Freund haben, ehe er – vorbestraft, unter Bewährung stehend – die Polizei zu Hilfe ruft. Der Notarztwagen bringt das unter Schock stehende Mädchen zum Krankenhaus. »Wochenendverdünnung« nennt man bei der Polizei und im Krankenhaus das, was Tanja und ihrem Freund endgültig zum Verhängnis wird. Keiner kommt auf die Idee, die Eltern der Minderjährigen zu benachrichtigen. Man läßt sie ohne Aufsicht erst einmal in der Notaufnahme warten. Schließlich wird sie gynäkologisch untersucht, die vermutete Vergewaltigung bestätigt sich, und weitergeschickt zur Chirurgie. Ein junger Arzt behandelt sie dort und sagt was von »vielleicht besser noch in die psychiatrische Abteilung«, ist dann schon wieder anderweitig beschäftigt. Das Mädchen, halb wahnsinnig vor Scham und Verlassenheit, flieht aus dem Krankenhaus, niemand kümmert sich. Erst der Anruf des verstörten Freundes am Samstagnachmittag bei den Eltern läßt diese Schlimmes befürchten. Anruf bei der Polizei.

Schon wieder vermißt melden? Am Wochenende? ›Ach was, die sind doch sicher nach Holland, warten Sie mal ab bis Montag oder Dienstag.‹ Vater und Mutter gehen am Sonntagabend noch auf die Scene suchen, fragen und erfahren, man habe Samstagabend Tanja weinend nach ihrem Freund, diesen verzweifelt nach Tanja suchen sehen.

Montag wird die Vermißtenmeldung angenommen. Dienstag werden die beiden gefunden. Tot, sie hatten sich in der Nacht von Samstag auf Sonntag vergiftet.

Wer ist schuld? Keiner? Alle? Die Wochenendverdünnung? Tanja selber, weil sie schon mehrmals abgehauen, vermißt gemeldet und wieder aufgetaucht war? Tanjas Eltern, weil sie die Suche nicht erzwungen hatten, die ihr Gefühl ihnen gebot? (Wer sucht schon wegen der Gefühle verängstigter, zermürbter Eltern eine vermeintliche Fixerin?) Der Mann, der Tanja vergewaltigte? Er ist übrigens wieder auf der Bonner Scene und hält Ausschau nach weiteren leichten Opfern. Das Verfahren gegen ihn wurde eingestellt, obwohl er vielfach einschlägig vorbestraft ist. Die einzigen Zeugen seien ja tot! Vor vielen Jahren, am Beginn der Drogenwelle 1969, schrieben Eltern in Düsseldorf auf den Grabstein ihres Sohnes: »Er starb an der Gleichgültigkeit unserer Gesellschaft.« Auch Tanja und ihr Freund starben nicht am Heroin, auch nicht am Versagen einzelner, denn das wird es immer geben, solange es Menschen gibt. Sie starben vielmehr am Nebeneinander-her-Arbeiten, am Jeder-sein-Bestes-Tun, am Ich-kann-mich-doch-nicht-noch-um-anderes-Kümmern.

Jeder der einzelnen Zuständigen wäre an seinem Platz überfordert gewesen, wenn man von ihm verlangt hätte, sich um mehr als seinen Zuständigkeitsbereich zu kümmern. Und doch ist hier etwas unmenschlich geworden, zum Selbstzweck verkommen, was einmal als Hilfe für Menschen gedacht war.

Vielleicht liegt es auch daran, daß so viele Zuständige und Fachleute zwar von Krankheiten, von Süchtigen und ihrer Therapie, von Drogenursachen, -wirkungen, -entwicklungen und -folgen, vom Drogenhandel und seinen kriminellen Praktiken, von Kriminellen- und von Drogenkarrieren – und was es noch alles für Sach- und Fachgebiete in diesem Zusammenhang geben mag – sehr viel wissen, aber zuwenig über die Zusammenhänge und kaum mehr etwas von den betroffenen und mitbetroffenen Menschen.

Der Drogenbeauftragte von Berlin, Dr. Heckmann, hat das einmal ganz prägnant ausgedrückt, als er sagte: »Vor allem ist Drogenarbeit aber Arbeit von Menschen an Menschen.«

Es steht uns betroffenen Eltern nicht an, diejenigen zu kritisieren oder schlechtzumachen, die sich ohne Erlebnis der inneren Not, ohne eigene Betroffenheit im Suchtproblem einsetzen. Aber nach 12 Jahren Drogenarbeit sollte doch langsam das Versuchsstadium überwunden und erkannt werden, daß nicht alles gut ist, wenn es nur guten Willens getan wird.

Wie soll die Drogenarbeit sich stabilisieren und konsolidieren, wenn sie nach wie vor auf sich selbst gestellt bleibt, unzugänglich jeder übergreifenden Beobachtung und nicht einmal für die jeweiligen Träger durchsichtig, weil es den entsprechenden »Vorgesetzten« an »Fachwissen« fehlt. Wie lange noch sollen Drogenberatung und Drogentherapie im Niemandsland des »neuen Problems« hängen, obwohl z. B. Einsichten aufkommen und Überlegungen entstehen wie die von Prof. Manfred Franke vom Familienministerium: »Übereinstimmung mit Ihrer Auffassung besteht auch da, wo vermeintlich therapeutische Auflagen vom Patienten nicht verstanden, sondern als Erniedrigung empfunden werden. Diese sog. ›Härte‹ der Therapie verleitet nicht nur zum Abbruch, sie verhindert auch einen erhöhten Zugang zur Therapie. Aus diesem Zusammenhang ergibt sich auch die Frage, ob nicht der allseits beklagte Motivationsschwund der Abhängigen vielmehr eine Krise der Therapie Abhängiger darstellt. Einige Therapiekonzepte sind tatsächlich in der Zwischenzeit grundlegend verändert worden. Unsere Diskussion geht immer auch mit einem Blick in den Bereich über, in dem Hilfe für schwer Erziehbare angeboten wird, und wir fragen uns, ob die Therapie bei Drogenabhängigkeit nicht sehr viele Gemeinsamkeiten mit dem hat, was in jenem Bereich praktiziert wird.

Bei allem Verständnis dafür, daß die durch Therapie zu vermittelnde Lebenstüchtigkeit für den einzelnen auch Verzicht, Verweigerung und Ablehnung erlernbar machen muß, meinen wir, hier wird noch immer zu spontan, zu wenig systematisch ›therapiert‹.

Aber wer wäre denn zuständig, endlich für mehr Koordination, mehr Durchlässigkeit zu sorgen, wenn nicht das Familien- und Gesundheitsministerium? Daß solche Entwicklungen schließlich auch die begünstigen, die im Bereich der Drogenarbeit durch ideologische Anliegen, Profilierungssucht und Selbstüberschätzung einzelner die schwere und gute Arbeit vieler anderer in Mißkredit bringen, ist leider nur zu wahr.

Eine Mutter:

»Je mehr Einblick ich in die Zusammenhänge bekomme, desto verzweifelter werde ich. Dieses Konkurrenzdenken zu Elternkreisen in Drogenberatungen und auch Therapieeinrichtungen macht mich krank. Auf dem Drogenkongreß in Frankfurt im Herbst 1980 hatte ich bei manchen Leuten den Eindruck, daß sie unsere Fixer mit Genuß vor ihren politischen Karren spannen. Auf der anderen Seite gibt es aber auch aufopferungs-

volles Engagement und die Einsicht, daß es ohne Eltern nicht geht.«

Aber was wäre die Aufgabe der Eltern in diesem Bereich? Kritik üben, Mißstände aufzeigen und nach mehr Kontrolle, mehr Richtlinien, mehr verordneter Zusammenarbeit rufen?

Das ist zwar unter Umständen alles nötig, aber selten wirksam. Die Vorurteile gegen betroffene Eltern werden letztlich dadurch nur vertieft.

Es gibt einen anderen Weg, wenn wir uns als die Lobby unserer Drogenkinder, als die Lobby der belasteten Familie verstehen. Voraussetzung ist, daß wir uns zu unserem Problem stellen und bereit sind, es offen zuzugeben. Sind wir in einem Kreis betroffener Eltern, fällt das natürlich leichter. Es ist immer wieder überraschend, wieviel wir erreichen können, wenn wir unsere rein menschliche Betroffenheit in all die amtlichen, beruflichen und fachlichen Bereiche hineintragen; wenn wir unser privates, persönliches Erleben dort bewußt machen, wo hinter Funktionen und Planstellen doch auch Menschen zu finden sind. Wir müssen sie nur als solche ansprechen. Eine Vermenschlichung der Drogenarbeit können wir nur erreichen, wenn wir als mitbetroffene Eltern, als Menschen wie »du und ich« das Klischeebild vom kaputten Typen, vom Fixer, vom Aussteiger, vom Verweigerer sinnvoll ergänzen durch konkrete Bilder des oft reizenden, begabten, hoffnungsfrohen Kindes in seiner Familie *vor der Fehlentwicklung.* Auch unsere Selbstdarstellung als fehlerhafte, aber nicht alleinschuldige Eltern, ja schon die Bewußtmachung des Leidens der Angehörigen kann mehr erreichen als alle Versuche direkter Einflußnahme.

Im Dschungel der Paragraphen, Zuständigkeiten und Regelungen ist es die besondere Chance, aber vielleicht auch Pflicht betroffener Eltern und Familien, durch persönlichen Kontakt, – durch Sichtbarmachen des Menschen hinter dem »Fall« – die Verselbständigung des »sozialen Netzes« zum Fangnetz statt Auffangnetz noch aufzuhalten.

Eltern sollten sich nicht scheuen, den Richter, den Staatsanwalt, die Beamten im Sozial-, im Jugendamt oder bei der Kripo auch als Mutter, Vater oder Geschwister von Jugendlichen anzusprechen. Wichtig ist nur, nicht hinzugehen und etwas Bestimmtes zu erwarten, sondern etwas aufzuzeigen, bewußt zu machen und damit menschliche Betroffenheit zu erreichen.

Ein kleiner Tip, der ebenfalls große Wirkung haben kann: In

beiden Konfessionen gibt es zum lauten Gemeinschaftsgebet in der Kirche die Fürbitten. Es ist fast in jeder Kirche möglich, eine entsprechende Formulierung einzubringen und damit auf die Not der Angehörigen aufmerksam zu machen: »Herr gib den Angehörigen von Suchtkranken Geduld und Stärke im Ertragen, hilf ihnen auf ihrem schweren Weg zwischen Konsequenz und Liebe.«

Oder: »Herr sieh das Leid der Eltern und Geschwister von Drogenabhängigen. Gib ihrer Liebe Hoffnung und Stärke, laß sie Menschen und Halt finden in unserer Gemeinschaft.«

Ehe man verzweifelt an den Mitmenschen, sich zurückzieht in Enttäuschung und Isolierung, sollte man vielleicht auch mal eine kleine Anzeige in der Tageszeitung, der Kirchenzeitung, dem Regionalblättchen versuchen. Es ist erstaunlich, wieviele Menschen man findet, wenn man sie sucht, wenn man den Mut hat, sie direkt anzusprechen wie diese betroffene Mutter:

»Sind wir schuld oder nur mitschuldig? Sind wir unschuldig? Ist nicht vielleicht außer uns noch jemand schuld? Wer will hier richten und... wer hat hier überhaupt das Recht zu richten? Was hilft uns der Richtspruch, wem hilft der Richtspruch – der Schuldspruch?

Uns dreht sich das Herz im Leibe rum, wenn wir mitansehen müssen, wie die Sucht einen Menschen verändert, den wir über alles lieben, wie er gepeinigt wird – wie er uns peinigt, und das alles in dem Bewußtsein, ihm nicht helfen zu können. Wer kann das schon ermessen, wie es in uns aussieht, doch nur jemand, der in der gleichen Situation steckt.

Der Leser vermutet ganz richtig – ich bin betroffen durch die Sucht meiner Tochter.«

Sie bekam Zuschriften, Kontakte, fand Menschen.

Betroffene Eltern suchen oft nur nach etwas Zuwendung und etwas Mitgefühl:

»Dank für Ihre guten Worte, Dank für Ihr Mitempfinden. Es hilft einem, bitter schweren Schmerz zu ertragen. Es ist grausam, in diesem ›kalten Krieg‹ mitten im Frieden ein 23jähriges Kind zu verlieren.«

»Ich möchte Ihnen danken für Ihr einfaches ›Da-sein‹.«

»Ich möchte Ihnen auch nochmal für Ihre Bereitschaft, zuzuhören und dadurch meine Sorgen mitzutragen, danken. Das hat mir durchstehen und hoffen geholfen.«

IX. Nachsorge

Eigentlich stört schon dieses Wort, denn mit der Sorge ist nur zu leicht der Begriff des Versorgens verbunden. In der Zeit nach der Therapie, nach der direkten Behandlung und Überwindung der körperlichen und dann der – viel langwierigeren – seelischen Abhängigkeit, muß aber gerade das Versorgtwerden überwunden werden.

Es gibt einen alten Spruch in der Medizin, der sich immer wieder bewahrheitet hat, auch wenn man ihn im Drogenproblem noch nicht wahrhaben möchte: »Jede Therapie ist nur so gut wie ihre Nachsorge.« So gesehen sieht es allerdings schlimm um die Drogentherapie aus. Sicher, es gibt einige wenige Versuche, unmittelbar an Therapien anzuschließen und Nachsorgeeinrichtungen zu betreiben. Gerade hier wird aber bei manchen die unnatürliche, vorurteilsvolle und oft geradezu grausame Einstellung gegen die betroffene Familie deutlich: Auf die Idee, durch Schulungsangebote, durch Einbeziehung in therapeutische Bemühungen und durch Stärkung der Selbsthilfefähigkeit die Familie des Patienten als das natürlichste Sozialisationsmilieu wo irgend möglich zu aktivieren, ist bisher so gut wie keiner gekommen. Trotz all der mit Heimerziehung und Schwererziehbaren gemachten Erfahrungen geht man in der Drogennachsorge ausschließlich familienferne, die Familie durch Ersatzsysteme umgehende Wege. Nach vielen Jahren engagiertester Bemühungen von Spezialisten und fachlich qualifizierten Kräften mußte man schon einmal einsehen, daß Familie sinnvoller, natürlicher und wirksamer war.

Zugegeben, viele betroffene Familien sind nicht einmal bereit und auch kaum geeignet, eine solche Aufgabe zu übernehmen. Was nur langsam bedenklich macht ist, daß man es überhaupt nicht versucht! Der betroffenen Familie – die man dem ideologischen Trend und der krankheitsbedingten Aussage der Konsumenten folgend als »krankmachendes Milieu« eingeordnet hat – gibt man gar nicht erst die Chance, sich zu verändern, dazuzulernen, sich vorzubereiten oder sie gar mit fachlicher Unterstützung zu begleiten.

Große, aber deswegen keineswegs überzeugende Worte von

notwendiger »Abnabelung« und »Loslösung« begleiten meist die aus ganz anderen Hintergründen gewachsenen Bemühungen, den ehemals Drogenabhängigen von seiner Familie fernzuhalten. Die Handhabung der vordergründig gesehen sehr sinnvollen »Kontaktsperre« in der Anfangszeit der meisten Therapien entlarvt das spätestens dann, wenn man darüber nachzudenken beginnt, warum man während dieser Zeit den Eltern auch jede Auskunft verweigert, warum man nicht bereit ist, sie in die Lernprozesse, die therapeutischen Schritte, die Zielsetzung der ersten Phase hineinsehen zu lassen. Unter dem Deckmantel der Kontaktsperre sperrt man die Eltern und ihr mehr als legitimes Interesse an der Weiterentwicklung ihres Kindes aus und wundert sich, wenn Vorbehalte, Ängste, Aggressionen entstehen!

Eigenes Erleben hat in mir nur tiefstes Erschrecken und kaum zu überwindende Vorbehalte entstehen lassen.

Als betroffene Eltern ist es für uns, gerade wenn es um die Gesundung unserer Drogenkinder und das Wiedergewinnen ihres Selbst geht, undenkbar, daß das ohne Kenntnis ihrer Vordrogenpersönlichkeit möglich sein sollte. Zu oft haben wir gespürt und beobachtet, daß trotz der darüber gestülpten Drogenpersönlichkeit der alte Kern fortbestand und manchmal sichtbar wurde.

»Wie will man denn aufbauen und renovieren«, fragte ein Vater in unserem Kreis einmal, »wenn man die früheren Baupläne, die Anlage der Leitungen aller Art und die statische Berechnung des Hauses nicht kennt?«

Wir standen nämlich fassungslos vor der Leiterin einer großen Therapiekette, die uns erklärt hatte, ein Gespräch mit den Eltern über ihre Klienten oder Erzählungen über das, was früher mal gewesen sei, interessierten sie nicht. Sie müßten den Drogentyp sowieso auf den Nullpunkt bringen und dann die ganze Persönlichkeit neu aufbauen.

Welche Verkennung der menschlichen Natur, welche Unwissenheit über das Wesen menschlicher Bindungen im Zusammenspiel mit Entwicklung und Persönlichkeitsstruktur! Bei solchen Voraussetzungen fällt es zwar leicht, erst einmal alle Bindungen zu zerschneiden, aber was wird daraus? Sollte uns die größer werdende Zahl von jungen Therapierten, die ein massives Heimsyndrom als Rückfallgarantie aus der Therapie und Nachsorge mitbringen, nicht warnen? Ist es nicht allerhöchste Zeit, sich mit der Frage, was familiäre Bindung für

Sozialisation und Verselbständigung des Menschen bedeuten, umfassender, Fachbereiche übergreifender zu befassen, ehe man fortfährt, momentan »therapiestörende« Bindungen einfach zu kappen?

Der Mensch, vor allem der junge, noch unreife oder durch Drogenfehlentwicklung zurückgeworfene, *hat* nicht Familie, sondern *ist* Teil einer Familie. Ob seine Eltern nun gut oder schlecht sind (der Blickwinkel des Abhängigen ist da sicherlich verschoben), sie bleiben seine Eltern, mit deren »So-sein« er fertig werden muß. Familiäre Bindung ist ja auch eine Aufgabe, deren Lösung (und nicht Umgehung oder gewaltsame Auslöschung) sehr prägende Auswirkungen auf das sich entwickelnde soziale Verhalten hat. Die Unterstellung, Eltern wollten wie »Glucken auf ihren Kindern sitzen bleiben«, kann nur jemand aufstellen, der die Tiefe und Stärke von Elternbindung als Aufgabe nicht sieht. Immer wieder erleben wir die Not, die unbewußte Angst, mit der Eltern ganz deutlich spüren, daß sie ihre Aufgabe noch nicht bewältigt haben; die Unreife ihres Kindes hält sie in Verantwortlichkeit und Sorgepflicht fest. Loslassen – Fallenlassen – Abnabeln kann und darf sich nicht nur äußerlich vollziehen, sonst bleiben unbewältigte Reste zurück, die eine gesunde Entwicklung von neuen Bindungen auf beiden Seiten blockieren. Es ist, wenn man einmal darauf achtet, oft auch erstaunlich, wie selbstverständlich und leicht die gleichen Eltern, die »gluckenhaftesten« Mütter, ihre anderen Kinder in die Selbständigkeit entlassen – weil es eben eine *echte* ist!

Es ist für betroffene Eltern unverständlich und belastet ihr Verhältnis zu allen, die mit ihren drogenkranken Kindern arbeiten, wenn ausgerechnet Berufsgruppen mit dem Wort sozial im Namen die engsten sozialen Bindungen zu gering achten. Familie ist ja noch viel mehr. Sie ist ein Teil von Gemeinde, von Nachbarschaft, von Freundeskreisen und den vielfältigsten Bezügen im Netz menschlicher Einbindungen als soziale Wesen. Solche natürlich gewachsenen Gefüge sind allerdings so lange unsichtbar und selbstverständlich, wie nicht gegen sie verstoßen wird. Ihr Wert ist jedoch gar nicht abzuschätzen. Es sollte wohl vor allem Ziel der Nachsorge sein, in die Selbstverständlichkeit solcher Einbindungen wieder hineinzuvermitteln. Ähnliches ist auf künstliche Art mit konstruierten therapeutischen Systemen, in denen immer wieder Gleichgeschädigte-Gleichgesundete zusammen gebracht werden, überhaupt nicht möglich, denn echte Nachreifung ist geradezu angewiesen auf möglichst vielfältige Kontakte. Weil Lernen durch Erfahrung in vielen Lebensbereichen nicht mehr vollzogen werden kann, ist Lernen durch Übernehmen von Erfahrungen anderer, durch Annehmen von Lebenstechniken und Erkenntnissen sowie durch geistiges Nachvollziehen von Problembewältigung anderer nötig. Wenn einer mit 15 Jahren begonnen hat, sein Leben durch Drogen zu manipulieren und mit 21 Jahren aufhört – wie unser Sohn –, dann steht er als junger Erwachsener mit dem Erfahrungsschatz eines 15jährigen da. »Was sollen wir mit dem Baby?« beschweren sich die Gleichaltrigen, und die 15jährigen sehen in ihm einen »Opa«. Die Gleichgeschädigten aber können ihm doch sein Defizit an Leben, an Erleben und an daraus entwickeltem »Gewußt-wie« nicht ausgleichen. Dafür braucht er Kontakte mit möglichst vielen Nichtdrogengeschädigten aller Altersklassen, aller Interessen- und Bildungsbereiche. Er muß seine nicht entwickelten Interessen, seine eigenen Bildungsbedürfnisse im Vergleich mit den anderen doch erst wieder finden. Wie wichtig ist für ihn dabei die Liebe der Angehörigen, weil sie es schafft, ihm immer wieder mit dem ersten Schritt entgegenzugehen. Er selbst ist nämlich aus seiner Drogenzeit mit einer tiefgehenden Prägung gefühlsmäßiger Sympathien ganz auf »Seinesgleichen« ausgerichtet. Die Ausschließlichkeit, mit der Drogenkonsumenten Kontakte zu Auchkonsumenten haben, ist uns heute zwar erklärlich, aber selbst bei absoluter Einsicht in diese Prägung vom »Ehemaligen« nur sehr schwer zu überwinden.

In seiner Drogenzeit – und darin ist vor allem Haschisch mit seinem langsamen Abbau besonders wirksam – ist der Konsument in seiner ganzen Wahrnehmung und noch mehr in der Ein- und Zuordnung des Wahrgenommenen drogenbedingt verändert.

Tanja schreibt:

»Ich verstehe mich selbst nicht mehr. Seit ich mit dem Zeug zu tun habe, hat sich mein Leben total verändert: Andere Klamotten, andere Sprache, andere Musik.«

Ob Eltern, Geschwister oder Schulfreunde, alle, die keine Drogen nehmen, werden unverständliche, verständnislose Fremde. Alle, die auch Drogen nehmen, sind jedoch – weil genauso verschoben in der Wahrnehmung, eingeengt und auf gleiche Klamotten, Sprache und Musik gebracht – verständlich, verstehend und daher verwandt. Der Mensch fühlt sich da geborgen, wo er sich verstanden und angenommen fühlt! In der prägendsten Zeit des jungen Menschen für zwischenmenschliche Kontakte, in der Zeit der Entdeckung und Auslotung von Wahlverwandtschaften werden Konsumenten von Nichtkonsumenten wie Böcke und Schafe geschieden.

In den ganzen Jahren des Scene-Lebens sind sie bestimmt von dieser Unterscheidung zwischen *den* »Leuten«, »ihren Leuten« – auch wenn diese ständig wechseln und die einzelnen immer austauschbarer werden – und der übrigen, eher feindlichen Welt. Schließlich sehen sie überall nur noch Typen, wie Tanja schreibt:

»Rüdiger kam aus dem Internat. Er hatte am Bahnhof seine Tasche liegenlassen. Inhalt 150 DM und für 500 DM Schwarzer Afghane. Ich war den ganzen Tag sauer. Die Nacht habe ich von dem schönen Klumpen Shit geträumt. Er hatte uns auch vom Heim erzählt. Da sind 120 Mann, 50% Junkies, und der Rest raucht Shit oder frißt Trips. Sogar drei Erzieher fixen in dem Heim.

Er verkauft für 50 DM einen Druck. Er kennt sogar 10jährige Fixer.«

Sie vertrauen und glauben einander – auch das Unglaublichste. Ihr Signalement funktioniert dabei zuverlässig und schleift sich so ein, daß sie einen ihresgleichen auch in der größten Menge von »Scheißspießern« aufspüren, schließlich sogar unabhängig von äußeren Merkmalen wie Kleidung usw. Man kennt, man erkennt einander, ist vom »gleichen Stamm«. Deswegen ist der Versuch – wenn diese Prägung einmal eingesetzt hat –, sie durch Ortswechsel aus ihrer Gruppe herauszuholen, sie durch Milieu-, Schul- oder sogar totalen Wohnortwechsel freizubekommen aus solchen Bindungen, recht sinnlos. Das hat nur ganz am Anfang eine Chance, später nicht mehr. Sie finden einander, sie gehen aufeinander zu, ohne sich dessen noch bewußt zu sein. Sie klammern sich aneinander gegen eine »feindliche Spießergesellschaft«. Auch wenn sie dann später aufhören, Drogen zu nehmen, wenn sie längst die körperlichen und die direkten seelischen Abhängigkeiten überwunden haben, wenn sie in die »Normalgesellschaft« aufgenommen wurden und sie auch akzeptieren gelernt haben, ihre innere, spontane Gefühls- und Sympathieantenne bleibt auf »Typen« gerichtet. Ihnen bringen sie unbewußt Vertrauen und allen anderen entsprechend Mißtrauen entgegen. Wir haben dies als eine der hartnäckigsten und gefährlichsten Rückfallklippen fürchten gelernt, denn eine solche automatisierte Gefühlsprägung ist so gut wie gar nicht mit dem Willen zu kontrollieren und daher noch viele, viele Jahre nach der Drogenzeit wirksam. Ist sie vielleicht auch ein unbewußter Grund für die therapeutisch immer zweifelhaftere Methode der Konzentration von Drogenkranken sogar noch in der Nachsorge? Steckt sie etwa auch hinter dem Bedürfnis so vieler »Ehemaliger«, in der Drogenarbeit zu bleiben?

Die immer wieder betonte Behauptung, der ehemals selbst Drogenabhängige habe durch seine eigene Erfahrung etwas besonders Wichtiges einzubringen, sollte bei Insidern langsam nicht mehr ziehen. Es sei denn, man bezeichnet mit »Drogenerfahrung« das Wissen um Beschaffung und Applikation von Drogen, um Entzugserscheinungen und Entzugsshow, um Linkerei und Selbstbetrug.

Drogenerfahrung als solche (das ist ja eben der schrecklichste Betrug aller Suchtmittel), Erfahrung durch mittelbestimmtes »Erleben« gibt es nicht. Die Jahre mit Drogen haben vielmehr nach unseren Beobachtungen, nach unserem hautnahen Miterleben bei vollem Bewußtsein, nur Erfahrungsdefizite, großen Mangel durch nicht gespeicherte Erlebniswerte, eine entsetzliche Leere im Fundus der Persönlichkeit hinterlassen. Ob in der Hilfe zur Rückgewinnung bewußten Lebens oder im Nachholen nicht gemachter Erfahrungen der ebenso Geschädigte – wenn auch noch so stabilisiert – wirklich wertvoll ist?

Christa Meves schrieb einmal darüber unter dem Titel: »Kann der Blinde dem Blinden über die Brücke helfen?«

Wären also nicht gerade Lebenserfahrung und eine bewußt erlebte Entwicklungszeit wesentlichere Voraussetzung für einen guten Therapeuten? Der »Ex-User« ist oftmals *trotz* seiner eigenen Drogenzeit ein guter Helfer, aber nicht *wegen* ihr! Und wer ist ein guter Therapeut? Der fachlich Qualifizierte? Der menschlich Engagierte? Der Sinnmotivierte? Wie in kaum einem anderen Bereich ist in der Drogentherapie eine Kombination von so hohen menschlichen Werten gefordert, wie sie heute nur noch selten wächst und dann auch wenig Chancen hat, sich gegen all die Widerstände, Frustrationen, Erfolgs- und Hilflosigkeiten durchzusetzen. Der schnelle Personalwechsel der Einrichtungen ist eigentlich nur logisch. Ein Grund aufzugeben, zu resignieren? Oder sollten wir darin nicht eine weitere, klare Aufforderung an die Angehörigen von Suchtkranken sehen?

Wir lieben diesen einen – unseren – Kranken und könnten mit dem dadurch gestärkten Durchhaltevermögen die häufigen und gefährlichen Betreuungsabbrüche auffangen. Wir könnten durch die Kontinuität und Treue unserer Zugehörigkeit, auch auf Distanz, immer wieder Halt geben. Wir könnten die Brücke sein – durch unsere Einbindung in Gemeinde und Gesellschaft – zu den Freunden von früher, zu den für sie so schwer zugänglichen Gesundgebliebenen, zu den »fremden« Nichtdrogenerfahrenen. Wenn Elternarbeit und Elternschulung von den Therapien aus versuchen würden, diese Kräfte der Familie zu aktivieren und sinnvoll zu nutzen, dann würde man einem natürlichen Ablösungsprozeß zuarbeiten. Eltern können und müssen ihre ureigenste Aufgabe, ihr Kind in ein selbständiges Leben zu entlassen, nur aktiv bewältigen. Dies muß endlich als eine Chance zur Mitarbeitergewinnung und nicht als ein »Therapiehindernis« erkannt werden. Vielleicht bringt ja auch das zunehmende Alter des Drogenproblems – und damit das systematische Hinauswachsen aus der Überjüngung der Helferscene – für betroffene Eltern mehr Hilfe aus mehr Verständnis und dadurch auch mehr Vertrauen als bisher in ihre Liebes- und Hilfsfähigkeit.

Aber auch von der praktischen und der finanziellen Seite her wird die Besinnung auf die Eltern als Helferreserve unerläßlich werden. Kein Staat wird es sich leisten können, so viele Menschen einzustellen, wie nötig wären, um auch die Nachsorge zu bewältigen. Ganz abgesehen davon, daß gerade in diesem Bereich Phantasie, Einbindung in gemeindliche Strukturen, Spontaneität und Geduld, Durchhaltevermögen und Takt vor jeder fachlichen Qualifikation rangieren.

Es geht darum, dem jungen »Ehemaligen« *so viel zu helfen wie nötig und so wenig wie möglich.* Seine Rückkehr oder seine Eingliederung in Freizeit-, Hobby- und Bildungsbereiche, ins Vereinsleben, in Freundes- und Interessenkreise soll so unauffällig wie möglich gefördert, sein Engagement aber bewußt gefordert werden. Die Ausbildungs- oder Arbeitssuche darf ihm nicht abgenommen, sollte aber doch durch Ratschläge, durch Herstellen von Kontakten, durch Einschalten privater Beziehungen, durch Auffangen von Enttäuschung und Frustration erleichtert werden.

Eine 16jährige Haschischkonsumentin war z. B. mit ihrer Clique wegen Drogen auffällig geworden.

Das rapide Absinken ihrer Schulnoten hatte sie außerdem in ihrem Glauben an die »Harmlosigkeit des Haschisch« doch etwas erschüttert.

Gespräche mit den Eltern und dem Mädchen – das zu diesem Zeitpunkt immer noch eine Zukunftsidee und gewisse Zielvorstellungen hatte – brachten Einsicht und den Willen zur Umkehr, aber auch völlige Ratlosigkeit, wie das in die Realität umzusetzen sei.

Der kleine Ort hatte nur ein Gymnasium, und die Eltern waren finanziell nicht in der Lage, eine andere Schule oder gar ein Internat zu finanzieren. Internate wollen außerdem nichts mit Drogenkonsumenten zu tun haben. Wenn man aber die Drogenvergangenheit einfach verschweigt, ist der Jugendliche zu leicht zu erpressen, ist dem Gruppendruck völlig ausgeliefert und – fern aller Vertrauenspersonen – nur um so gefährdeter. Der Weg über Maßnahmen der Erziehungshilfe, Heimeinweisung u. a. kamen schon gar nicht in Frage. Hier konnte nur noch der ganz persönliche Einsatz der Eltern helfen und ihr Versuch, für diesen Einzelfall in allen beteiligten Institutionen ganz konkret *als Mensch den Menschen anzusprechen.* Wie das in diesem Fall aussah, beweist der Brief der Mutter:

»*... Es drängt mich, Ihnen zu schreiben, wie es mit meiner Tochter gegangen ist. Ich bin mit ihr nach ... gefahren, und der Schulleiter hat uns empfangen. Er hat ausführlich mit uns über Ursels Probleme gesprochen. Mein Mann war auch mit. Herr X sagte, man könne nur etwas für einen anderen Menschen tun, wenn man auch wüßte, was ihn bedrückte. Daher sollten wir ganz offen mit ihm sprechen. Ursel hat dann gesagt, daß sie Drogen genommen hat, aber daß sie jetzt davon weg ist und daß sie es zu Hause nicht schafft, weil sie durch Freunde immer wieder aufgefordert würde, etwas zu nehmen. Dann wollte er sie schon annehmen, aber wir sollten unterschreiben, daß kein Strafverfahren in Aussicht wäre. Das konnten wir ja nicht, weil wir nicht wissen, wie das ausgeht mit dem Haschisch an der Grenze. Aber dieser Schulleiter hat uns doch Hoffnung gemacht, denn er sagte zu seiner Schreibkraft: ›Hier muß etwas getan werden. Ich meine, wir müßten hier helfen.‹ Zu uns sagte er, er müsse mit noch zwei Personen, die mit ausschlaggebend wären, sprechen. Wenn diese beiden dagegen wären, dann könnte er auch nichts tun. Am nächsten Tag um Mittag habe ich angerufen, und zu unserer großen Freude hat dieser Mann es geschafft. Ursel ist seit dem 16. Mai in ... Ich hoffe, daß sie durchhält. Alle 14 Tage kommt sie nun zum Wochenende nach Hause. Das Jugendamt hat uns die Zusage gegeben, die Kosten soweit zu übernehmen. Wir müssen auch dazu zahlen. Aber ich meine,* *jedes Opfer lohnt, wenn ich meinem Kind damit helfen kann. Ich mußte Ihnen das einfach schreiben und bin so froh, daß Sie mir geholfen haben, einen Weg für meine Tochter zu finden.«*

Viele Wege führen nach Rom! Es gibt nicht nur Arbeitsämter zur Vermittlung. Der junge Mensch sollte selbst einmal zu den entsprechenden Handwerks- oder Handelskammern gehen, die seinem Berufswunsch entsprechen. Es gibt Innungen und Genossenschaften, über die Auskunft und Hilfe im Einzelfall zu erreichen ist.

Unser Sohn wußte damals überhaupt nicht, was er eigentlich mit seiner kaufmännischen Ausbildung anfangen sollte. Wir gaben ihm 14 Tage Zeit, bestanden aber darauf, daß er so früh aufstand wie die ganze Familie und dann loszog, um sich umzusehen. »Geh in die Geschäfte hinein, beobachte, wie, was verkauft wird, wie die Läden gestaltet sind, welche Kundschaft wo hineinkommt, dann findest du vielleicht das, was du verkaufen willst.« Nach acht Tagen wollte er Antiquitätenhändler werden. Wir hörten uns seine Begeisterung über alte, schöne Möbel und Dinge ernsthaft an und verstanden auch seine Sympathie zu der entsprechenden Kundschaft, aber ...

»Geh einmal zu Herrn X, dem Antiquitätenhändler in der ... Straße, den kennen wir. Du kannst ihm sagen, daß du vorhast, auch so etwas zu machen. Frage ihn einmal, wie und wo er kauft, wie er aufarbeitet oder von wem aufarbeiten läßt, erkundige dich nach dem Mindestanfangskapital und nach der Zahlungsbereitschaft der Kunden. Frag ihn nach einem Kollegen, den du ebenso interviewen kannst. Geh in alle Antiquitätenläden und schau dich um.«

Er war wieder acht Tage voll beschäftigt und entschied sich für eine ganz andere Branche. Wir nannten ihm nun bei der Stadtverwaltung die Stelle, über die er einen Laden in einem Abbruchhaus – das noch einige Jahre stehen bleiben sollte – billigst mieten konnte, halfen ihm vermessen und berechnen, Farbe und Holz kaufen. Ausführen, gestalten und bauen konnte und wollte er alles selbst.

Viele, die zu uns kamen mit Idealvorstellungen von Traumberufen, mit völlig vagen Vorstellungen von der eigenen Fähigkeit sowie von der entsprechenden Ausbildungs- oder Berufsrealität, haben wir durch Vermittlung zu Orientierungsgesprächen an Bekannte, Verwandte, an Menschen, die diesen Beruf ausübten, vor schwerer Enttäuschung bewahren können.

Viele haben schließlich – und sie werten das mit Recht als eigenen Erfolg – ein Ziel gefunden, das sie befriedigte.

So wollte ein junger Mann von Kindheit an eigentlich Tierarzt werden. Sein Haschischkonsum, ein Jahr vor dem Abitur begonnen, ließ den Notendurchschnitt aber ebenso absinken wie seine Bereitschaft, für sein Ziel auch etwas zu tun. Erst acht Jahre später, als er clean war, fand er wieder zu sich und zu seinem tiefverwurzelten Wunsch, etwas mit Tieren zu machen, zurück. Doch sehr bald schon resignierte er nach den ersten Versuchen, über »normale« Wege zum Ziel zu kommen.

Wir gingen gemeinsam die Liste der Tierärzte durch. Bei einem war er mit seinem Hund vor vielen Jahren in Behandlung gewesen und glaubte ihn noch zu kennen, ihm vertrauen zu können. Es war kurz vor der Ferienzeit. Er bewarb sich darum, – und sei es kostenlos – eine Zeitlang in der Praxis oder der kleinen Tierklinik Helfer sein zu dürfen.

Von innen besehen sah dann alles anders aus, aber durch diese verhältnismäßig kurze Aushilfszeit bekam er eine Stelle im städtischen Tierheim. Dort entdeckte er sein Geschick und seine Freude am Umgang mit Hunden, lernte einen Hundedresseur kennen, wechselte zu ihm in die Lehre und wird jetzt zum Lehrer für Hundedressur ausgebildet.

»Ist es nicht ein Witz, daß ich nun selbst Hunde als Hasch- und Polizeihunde ausbilde«, meinte er grinsend bei einem Besuch.

Wir haben es immer wieder als gute Startmöglichkeit auch zur Überwindung von Vorurteilen und Ängsten der Lehrherren, Ausbilder oder Arbeitgeber erfahren, wenn die Eltern eine kostenlose Probezeit zum Einanderkennenlernen aushandelten. Selbstverständlich muß der ehemals Drogenabhängige die Belastung, die dadurch entsteht, mittragen, darf also nicht großzügiges Taschengeld als Ausgleich erwarten. Er will und muß sich bewähren, gerade in Schwierigkeiten. Das geht um so leichter, je klarer Bedingungen und Zeitraum festgelegt sind.

Es fällt heute schon normal entwickelten Jugendlichen schwer, berufliche Zielvorstellungen zu entwickeln, wieviel schwerer hat es da ein junger Mensch, der sich selbst kaum kennt, geschweige denn die Berufs- und Lebensrealität. Er braucht darum vielleicht etwas mehr Spielraum zur Orientierung und für Versuch und Irrtum, aber keine Schonzeit zum Abwarten oder Nichtstun. Langeweile, unbewältigte Freizeit und überzogene Ansprüche sind die Haupteinstiegsbedingungen in Drogenkarrieren und sind sicherlich auch beste Voraussetzungen für den Rückfall.

Nachsorge heißt auch, mit dem Rückfall rechnen, sich darauf vorbereiten und Absprachen zu einer möglichst schnellen Bewältigung treffen.

Wir, d. h. mein Sohn und ich, haben darum immer wieder das Spiel gespielt: »Was machst du, wenn...« Er mußte ja nun in der Realität lernen, sich dem Drogenangebot, der Konfrontation mit seinen Lieferanten und seinen Abnehmern, der Erpresung durch Drohung, Anzeigen und sogar durch nackte Gewalt zu erwehren. Er konnte in Situationen kommen, die ihn zurückwarfen in alte Drogenverhaltensmuster, und in solche, für die er nun als Drogenfreier nicht mehr skrupellos, nicht mehr mitleidlos genug war.

Aus dem, was wir in dieser Zeit besprachen, was ich ihm aufzuzeigen versuchte, um ihm eine bessere und trainierbare Selbstkontrolle zu ermöglichen – denn nun konnten und durften wir nicht mehr kontrollieren –, entstand ein großer Teil des Buches »Durchblick«.

Ein Fixer aus der Therapie:

»Das Lesen von dem Büchlein ›Durchblick‹, das Sie mir geschickt haben, hat mir echt gut getan, weil ich mir aufgrund der einfach dargestellten Beispiele viele Vorgänge in mir auf einfache Art erklären konnte.

Viele Dinge, die mich bis dahin beunruhigten und mir Angst machten, weil ich sie mir nicht so einfach erklären konnte, habe ich dadurch abbauen können. Z. B. diese unkomplizierte Art, wie das Funktionieren des menschlichen Gehirns dargestellt ist, hat mir die Möglichkeit gegeben, einige Situationen und Punkte zu erkennen, welche in mir Drogengedanken auslösen, so daß ich es durch dieses Wissen leichter vermeiden und dem entgegenwirken kann. Ich las das Büchlein in einem Zuge durch, und spät in der Nacht, als ich es ausgelesen hatte, fühlte ich mich unwahrscheinlich klar und frei und gelöst wie selten zuvor.

Inzwischen habe ich es an fast alle Mitbewohner weitergereicht, und jeder einzelne konnte seinen persönlichen Nutzen daraus ziehen. Jedenfalls möchte ich mich dafür, daß Sie es mir durch St. zukommen ließen, bedanken, und ich werde es bestimmt öfter lesen, um mir all das immer wieder ins Gedächtnis zu rufen.«

Ein junges Mädchen, in einer Nachsorgeeinrichtung:

»Ich muß Ihnen schnell ein paar Zeilen schreiben. Ich muß

Ihnen sagen, wie dankbar ich bin, daß Sie mir das Buch geschickt haben. Ich habe es zwar noch nicht ganz durch, aber soweit, daß ich weiß, was in meinem Gehirn los war. Ich bin darüber sehr froh, denn der Zustand der Leere, das Nicht-denken-Können, war unerklärlich. Kein Arzt konnte mir sagen, woher das kommt, was da passiert. Endlich weiß ich es! Weiß, daß ich nicht krank im Kopf bin, sondern das alles normale Reaktionen sind, die in Folge von Haschrauchen passieren.«

Aus dem Knast:

»Ich möchte mich erst mals für die Jungs hir bedanken. Wie ich von einigen hir schon gehört habe, hat ihnen das, was Sie im ›Durchblick‹ schreiben, eine Menge gebracht. Ich glaube zu wissen, das es mir auch sehr fiel gebracht hat. Sie haben das erklärt, was draußen und auch jetzt hir drinn mit mir vorgegangen ist. Ich konnte das vorher nie so richtig erklären, was sich mit mir getan hat. Wie Sie ja wissen, nehme ich seit meinem 11. Lebensjahr Drogen, und ich weiß jetzt, das ich auf dem Wege zu einem normalen Menschen bin, der normal denken und fühlen kann, ohne durch Drogen beeinflußt zu werden. Ich finde das feeling fiel besser als das angeknallt zu sein. Ich habe bemerkt, das ich mich auch ohne Drogen über was freuen kann, was mir besser gefällt, denn es ist natürlich und nicht beeinflußt. Ich kann sagen, das ich jetzt ich bin und das gefällt mir fiel besser. Ich habe so fiele Jahre meines Lebens sinnlos weggeschmissen, denn ich wußte nie, daß das Leben ohne Drogen fiel besser ist.«

(Ich habe bewußt den Brief original mit Rechtschreibefehlern gelassen, denn sie stehen im typischen Gegensatz zur sehr flüssigen Sprache!)

So, wie wir für alle ihm erdenklichen Problem- oder Rückfallsituationen Überlegungen anstellten, wie sie aufzufangen, zu bewältigen oder wie ihnen auszuweichen wäre – um ihm die Freiheit der Wahl zu geben, überlegten und trainierten wir immer mehrere Möglichkeiten –, so versuchten wir auch, den Rückfall »vorzubereiten«. Wir waren uns klar darüber, daß er weder gewollt noch bewußt ausgelöst würde, sondern ja gerade durch Verlust der Selbstkontrolle entstünde. Dadurch ist er ein Zeichen für die noch nicht überwundene Abhängigkeit, also Aufforderung zu verstärkter Bemühung und nicht etwa ein persönliches Versagen. Entscheidend schien es uns, Methoden oder Absprachen zu möglichst frühzeitiger Erkennung des Rückfalls zu finden, die trotz der dann anzunehmenden Bemühung, alles zu leugnen und zu verheimlichen, noch funktionieren würden. Ihn melden oder auf Verdacht und Frage hin zugeben, würde er kaum können. Wir verabredeten deshalb ein nur uns beiden erkennbares Zeichen. Er würde mir eine Blume auf den Nachttisch legen, denn er war sicher, das brächte er fertig. Er hat es geschafft, wir haben die Situation überwunden, und sie hat ihn vorwärts gebracht, wie alle Rückfälle, die aufgearbeitet und zum Lernprozeß wurden. Und jedesmal war es sein eigener Erfolg.

Eine großartige Neuigkeit war unter der Rubrik »Aktuelle Wissenschaft, Psychologie« in Heft 3/82 von »Bild der Wissenschaft« zu lesen:

»Aufklärung vor chirurgischen Eingriffen ist nicht nur ein Bedürfnis der überwiegenden Mehrzahl der Patienten, sondern auch von Bedeutung für den Genesungsprozeß nach der Operation. Die Wirksamkeit verschiedener Formen der präoperativen Aufklärung wurde am Zentrum für Chirurgie der Universitätsklinik Gießen untersucht.

Wie mangelnde Informiertheit, Angst und Unsicherheit vor chirurgischen Eingriffen mit emotionalen Komplikationen nach der Operation im einzelnen zusammenhängen, ist in der medizinisch-psychologischen Forschung noch umstritten. Als weitgehend gesichert kann jedoch gelten, daß ausreichende Informiertheit und ein Zustand emotioneller Stabilität vor der Operation den Genesungsverlauf positiv beeinflussen.«

Ist es wirklich so überraschend, daß Patienten nicht nur Organe und Krankheiten *haben*, sondern kranke Menschen *sind*?

Wieviel mehr müßte solche Erkenntnis dann erst bei Erkrankungen wie der Sucht beachtet werden! Es ist nach unseren Erfahrungen mit Menschen im Drogenproblem eine ebenso unglaubliche Unterschätzung der geistig-seelischen Selbstheilungsfähigkeiten des Suchtkranken, wie es eine Diskriminierung seiner Intelligenz darstellt, wenn man ihn therapiert, ohne ihm genaueste Kenntnis über seine Erkrankung zu vermitteln. Gerade der Suchtkranke mit beginnendem Leidensdruck hat ein großes Bedürfnis nach Information über die Ungereimtheiten, die er an sich sehr wohl beobachtet (wenn auch nicht zugibt). Er möchte wissen, warum er etwas tut, was er nicht will, und warum er das, was er will, dann doch nicht umsetzen kann. Er beginnt, die Suchtmechanismen, die Verselbständigung der Krankheit als Selbstentfremdung zu spüren. Er empfindet die wachsende Leere und Vereinsamung, obwohl er sich doch dauernd füllt und mit anderen zusammen ist. Er hat sehr wohl Fragen, wie das kommt. Er leidet immer mehr unter dem Gefühl des Ausgeliefertseins, der Machtlosigkeit sich selbst und dem Suchtmittel gegenüber. Wie sollte er aber daraus den Anstoß finden, sich Fremden, sich anonymen Institutionen und Techniken, sich auch noch einer Therapie auszuliefern?

Die vielumstrittene Behandlungsmotivation, die einerseits als unabdingbare Voraussetzung zur Therapie angesehen wird, deren Fehlen aber andererseits ein typisches Symptom der Suchterkrankung ist, hat vielleicht viel mehr mit Krankheitserkenntnis durch Krankheitskenntnis zu tun, als man bisher bedacht hat. Ob sich der Ansatz, daß Druck – durch körperliche Schmerzen, durch wirtschaftliche Schwierigkeiten oder durch kriminelle Auffälligkeit – die einzige Möglichkeit sei, Behandlungsmotivation von genügender Durchhaltekraft entstehen zu lassen, nicht doch ergänzen läßt? Als betroffene Eltern haben wir nicht die Auswahl zwischen prognostisch günstigen oder hoffnungslosen Typen. Wir können uns nicht mal, wie die Partner von Alkoholikern, scheiden lassen. Wir haben dieses Kind so, wie es ist. Daher haben wir auch – vielleicht mehr als andere – mit den sogenannten »Unmotivierbaren« zu tun, und gerade an ihnen haben wir die Erfahrung mit der Hilfe durch geistige Erkenntnis gemacht. Das gleiche gilt für die Fälle von Therapieabbrüchen, die vor der Tür der Eltern des Elternkreises endeten.

Eine neue, tragfähigere Behandlungsmotivation, eine aktive Behandlungswilligkeit aufzubauen, war oft *nur* über Vermittlung von Wissen zur Selbstbeobachtung und dadurch dann Durchschauen der eigenen Suchtmechanismen möglich.

Solche Patienten sind allerdings für therapeutische Programme aller Art schwierig. Sie wollen und sie können an der eigenen Gesundung wissend mitarbeiten als Partner des Therapeuten und nicht als Objekt aller möglichen Bemühungen. Es ist in der einschlägigen Literatur so oft von der eher etwas über dem Durchschnitt liegenden Intelligenz jugendlicher Drogenabhängiger die Rede, sollte man diese deshalb nicht auch voll nutzen?

Mein Sohn hat es in keiner der damals allerdings auch noch viel experimentelleren Therapien ausgehalten, trotz einer nach sechsjähriger Abhängigkeit sehr ernsthaften Therapiewilligkeit. Hinzu kam bei ihm auch eine immer noch sehr starke Eigenpersönlichkeit. Es ist uns nie in den Sinn gekommen, ihn

»fertigzumachen« oder ihm ausschließlich aufzuzeigen, was an ihm kaputt, negativ verändert war oder fehlte. Von dem Moment seiner Einsicht an schien es uns eher wichtig, ihm all das Gute, Lebens- und Ausbaufähige, das er noch hatte, ihm jedes Restchen von eigener Persönlichkeitssubstanz bewußtzumachen. Uns kam es darauf an, daß er sich trotz allem noch zu wertvoll empfand zum Aufgeben. Wir wollten ihn reizen, das, was er noch hatte, zu erhalten, um sein eigentliches Ich wiederzufinden. Er sollte sich von dem ihm verbliebenen Kern seiner Persönlichkeit aus wieder zurückgewinnen. Bis heute hat uns noch nichts von der Theorie des Brechens und totalen Neuaufbauens von Persönlichkeiten überzeugen können. Wir haben zu oft erlebt, daß nach der Überwindung der körperlichen und nach den ersten Monaten der psychischen Entzugserscheinungen eine sehr ernstzunehmende depressive Phase der Selbstverachtung, der Selbstbeschuldigung und schwerster Selbstwertzweifel eintritt. Wenn sie aktiv an ihrer Gesundung arbeiten sollen, brauchen sie also nichts so sehr wie den Glauben daran, daß sich das noch lohnt. Wir als ihre Eltern haben diesen Glauben, denn wir lieben sie, wissen um die in ihnen verborgenen, verschütteten, *aber vorhandenen* Möglichkeiten und vertrauen darauf, daß sie trotz allem, nach allem und ein wenig auch durch alles wieder Menschen werden, wert, zu leben und geliebt zu werden.

X. Zusammenhänge und Erkenntnisse

Betroffene Eltern erleben oft mehr vom Drogenhandel als ihnen lieb ist. Sicher, in der Anfangszeit, in der unteren Ebene ist dieser Markt harmlos, freundschaftlich und scheinbar ebenso naiv wie die von ihm Verführten. Doch mit der Länge der Drogenkarriere und mit dem Fortschreiten der Abhängigkeit ändert sich die Szenerie ebenso systematisch wie unaufhaltsam. Wer von der Kriminalisierung der Drogenkonsumenten durch Gesetze spricht, wer davon ausgeht, die Illegalität des Drogenkaufs sei schuld am Abrutschen der Konsumenten in die Kriminalität, der hat wahrlich wenig Ahnung von dem, was sich da wirklich abspielt. Wieviele von unseren Kindern, denen vor Gericht kriminelle Neigung bescheinigt wurde, waren vor ihrem Einstieg in die Drogenszene sogar junge Menschen mit echtem, starkem Rechtsbewußtsein. Wir haben die langsame, aber wirksame Vergiftung dieses Rechtsbewußtseins durch Indoktrinierung, durch Verhetzung auf der Scene und durch süchtiges Verlangen – das sich über alle Bedenken hinwegsetzt – erlebt. Wir haben aber gleicherweise den Verlust an Realität, die durch drogenbedingte Wahrnehmungsveränderung immer geringer werdende Verantwortungsfähigkeit und ihre dadurch wachsende Dissozialität beobachtet. Wer sein Bewußtsein ständig manipuliert, es verändert und verengt, kann doch auch kein normales Rechtsbewußtsein behalten. Es schwindet, ebenso wie die gesamte Fähigkeit, mehr als das eigene Bedürfnis, die eigenen Ansprüche und die eigenen Rechte zu sehen.

Drogenabhängigkeit ist eine Krankheit, die den ganzen Menschen verschiebt. Wenn man dem mit Legalisierung der Drogen begegnen will, dann sollte man sich die Entwicklung der Abhängigkeit von legalen Drogen einmal genauer ansehen. Wir haben gerade bei jungen Abhängigen auch da den systematischen Weg in die Kriminalität.

Der Drogenmarkt, weltweit organisiert und durch unvorstellbare Gewinne in der westlichen Wirtschaft entsprechend einflußreich, hat von Anfang an sehr klug mit dieser Persönlichkeitsveränderung als Drogenfolge ebenso taktiert wie mit dem Mitleid dem jungen Kranken gegenüber.

Bei Jean Luc Bellanger, einem französischen Wissenschaftsjournalisten, kann man schon 1961 in seiner »Stupéfiante histoire des droges« nachlesen, daß dieser Markt die Bohemiens der Kunst, die gesellschaftlichen Außenseiter politischer, kirchlicher und ökologischer Couleur, die übertriebene Sucht nach Liberalisierung, Emanzipation und nach Selbstverwirklichung sowie die Verwöhnungstendenzen der Wohlstandsgesellschaften ihren Jungen gegenüber, bewußt ausnützt. Bellanger sagte aus seinem Einblick in die internationalen Verflechtungen der Untergrund- und Terrororganisationen eine Zeit von zehn Jahren für den Haschischmarkt voraus, ehe forciert Heroin und Kokain, danach künstliche chemische Drogen nachgeschoben würden. Aber wer hat das damals schon geglaubt? Heute ist der weltweite Drogenmarkt nicht nur ein Geschäft – der Umsatz wird auf 200 Milliarden Dollar jährlich geschätzt –, sondern ein Politikum.

Spätestens seit der 1982 durch die Entführung des amerikanischen Generals ausgelösten Fahndungswelle in Italien müßte auch dem Letzten klargeworden sein, wie eng Drogenmarkt und Terrorismus verbunden sind. Deshalb wird gutwillige gesundheitliche Aufklärung und Hilfe für die Betroffenen immer nur Symptombekämpfung sein. Jeder einseitige Eingriff ohne Beachtung der Zusammenhänge kann sogar – wenn auch noch so sachlich richtig oder gut gemeint – schwere Schäden hervorrufen. Zwar wird eine Legalisierung angesichts der nun nicht mehr zu übersehenden Schäden – auch durch die anfangs »weich« genannten Drogen – nicht mehr durchzusetzen sein. Aber allein schon das Gerede darüber, allein die immer wiederholte, betonte und damit leicht zur »veröffentlichten Meinung« gemachte Verharmlosung einzelner Drogen tut ihre von den meisten gar nicht beabsichtigte Wirkung. Wenn behauptet wird, alle Welt nimmt sie, wenn sich der Jet-Set damit brüstet, die Welt der Halbintellektuellen sich dafür interessiert, manche Jungdemokraten, Jungsozialisten hoffen, sich damit die Jungwählergunst zu erhaschen, dann erreicht der Drogenmarkt sein Ziel auch ohne Gesetzesänderung. Entscheidend ist letztlich ja die Handhabung der Gesetze (siehe Holland)!

So schreiben Berger/Reuband/Widlitzek in »Wege in die Heroinabhängigkeit«*:

* Siehe Literaturverzeichnis, S. 151

»Glaubt man verschiedenen Hinweisen in der Literatur oder auch der Öffentlichkeit, so ließe sich eine interne Umstrukturierung im Erstgebrauch erwarten: Cannabis müßte an Bedeutung verlieren, andere Drogen an Bedeutung zunehmen, insbesondere das Heroin. An Daten zur Stützung dieser Vermutung mangelt es indes. Wo man glaubt, einen Trend aus den Daten herauslesen zu können, läßt sich vielfach bei näherer Hinsicht eine fehlerhafte Interpretation nachweisen. Und zur Bestätigung der These vom zunehmenden Einstieg direkt in den Heroinkonsum – unter Umgehung der weichen Drogenphase – gibt es ebenfalls kaum empirisches Material. Unsere Daten aus der Vergleichserhebung des Jahres 1978/79 müßten, so der vermutete Trend real ist, diesen widerspiegeln, doch sie erbringen keinerlei Bekräftigung der populären Mutmaßungen über Wandlungsvorgänge im Bereich der Einstiegsdroge. Die Bedeutung von Cannabis nimmt nicht etwa ab, sondern im Gegenteil sogar eher zu. Während unter den 1974 befragen Fixern 76% Haschisch nahmen, waren es unter den 1978/79 Befragten 98%. Vergleichbare Daten, die in Hamburg über Veränderungen bei nichtabhängigen Drogenkonsumenten erhoben wurden, zeigen einen ähnlichen Trend: Auch hier nimmt die Bedeutung von Cannabis gegen Ende der sechziger Jahre (zu Ungunsten der Weckmittel) zu und bleibt dann konstant. Einen Trend, der auf eine verstärkte Bedeutung von Opiaten als Einstiegsdroge hindeutet, gibt es nicht. Und bemerkenswert ist in unserem Zusammenhang schließlich auch, daß eine vergleichbare Untersuchung an Fixern, die etwa zur gleichen Zeit wie unsere zweite Erhebung durchgeführt wurde, ebenfalls keinen Hinweis für eine zunehmende Bedeutung von Opiaten als erste illegale Droge brachte. Die Widerstände gegenüber dem Gebrauch von Opiaten – besonders von Heroin – bereits im Anfang des Einstiegs in die Drogenkarriere dürften zu groß sein, als man sich bereitfindet, direkt damit zu beginnen. Heroin gilt nun einmal als gefährlich und Haschisch immer noch als die Droge, die im Vergleich dazu weniger problematisch ist.

Daß Haschisch weiterhin die ›klassische‹ Einstiegsdroge für eine Heroinkarriere darstellt, kann Folge davon sein, daß Haschisch aufgrund des Drogenimages und der Zugänglichkeit gegenwärtig noch immer generell die erste illegale Droge ist, von der aus jegliche Drogenkarriere beginnt. Wäre die erste illegale Droge eine andere Droge – z. B. wie Mitte der sechziger

Jahre ein Weckmittel – so stellte diese dann die Einstiegsdroge in die Drogenkarriere und zum Heroin dar. Einstiegsdrogen sind also austauschbar.«

Wir erkennen die Zusammenhänge zwischen Markt, jugendtypischen Erwartungen, politischen Anliegen, persönlichen Einzelinteressen und dem überall nachlassenden Verantwortungsgefühl für mehr als das direkt sichtbare Geschehen wohl erst, wenn wir ihnen ausgeliefert sind durch das direkte Miterleben einer Suchtentwicklung. Sie fängt immer, egal mit welchem Suchtmittel, harmlos, alltäglich und in der scheinbaren Geborgenheit allgemeinen Wohlwollens an.

Wer vermutet schon hinter Flickenjeans und Gammelmode politische Interessen? Wer sieht in der Aussteigermode, im bedürfnislosen Alternativen auch den wirksamen Werbegag eines weltweiten, kommerziellen Marktes? Wer erkennt in der willig von allen Jugendmedien – und auch von solchen, die nur jugendlich wirken wollen – aufgegriffenen Drogensprache und ihren weltweit in alle Sprachen integrierten Codeworten die Kunstsprache bewußter psychologischer Manipulation?

Wir sind ja nicht mal in der Lage, den bekannten Zusammenhang zwischen frühem Zigarrettenrauchen und späten Gefäß-, Herz- und Krebsschäden so zu verinnerlichen, daß daraus Handeln, politische und gesellschaftliche oder wenigstens persönliche Konsequenz würde. Wenn die Ursachen nur – zeitlich oder räumlich – weit genug weg sind von ihren Folgen, ziehen wir uns auf das Überschaubare, die Aktivität im Hier und Jetzt zurück und hinter den tiefen Glauben: »Ich doch nicht, wir doch nicht, so doch nicht.«

Betroffenheit heißt auch – wenn all das, was Betroffene durchmachen müssen, einen tieferen Sinn haben soll – Fühler sein, Meßfühler für ein anderes, nicht spürbares Geschehen.

So, wie Schmerz in unserem Körper, viel wichtiger als jede äußerlich sichtbar werdende Krankheitserscheinung, die oft erst später auftritt, ein Frühmeldesystem ist, das Aufmerksamkeit auf Fehlentwicklungen, Erkrankungen lenken soll, so sollten wir auch unsere Betroffenheit verstehen.

Wollen wir zulassen, daß mit Methoden, wie unsere tägliche Fernsehwerbung sie dem Schmerz gegenüber anpreist, dieses Frühwarnsystem abgeblockt, seine eigentliche Aufgabe überspielt und durch Manipulation am Ort der Schmerzempfindung zu »Entspannung und Befreiung« umfunktioniert wird? Solange der Schmerz selber das einzige Ziel aller Bemühungen ist

– sei es zur Analyse wie zur Bekämpfung –, wird es so gehen, wie ein Suchtkranker das sehr treffend charakterisiert: »Ich komme mir vor wie einer, der einen spitzen Nagel im Schuh hat und an dem man nun alle Schmerzbekämpfungsmittel ausprobiert. Wer kommt auf die Idee, daß mir auch ein Schuster helfen kann?«

Wir können die Fachbegrenzungen, die eingeengte Sicht und die Schwerfälligkeit unserer Systeme, die bedrohliche Unmenschlichkeit der Strukturen und die Fehlerhaftigkeit auch der Gutwilligsten nicht ändern. Aber deswegen dürfen wir als Betroffene doch nicht resignieren. Wir müssen der bohrende, quälende, spürbare und anhaltende Schmerz sein, der vordergründig und mit Einzelmaßnahmen nicht zu stillen ist. Wir müssen – weil nur dann unser Erleben einen Sinn hat – dazu sichtbar und hörbar und gemeinsam stehen, damit in der Suchterkrankung Jugendlicher das begriffen werden kann, was sie in Wirklichkeit ist, ein Warnzeichen, ein Anzeichen für die Innenweltgefahren, die viel schlimmer und mindestens so kompliziert in ihren Zusammenhängen sind wie die Umweltgefahren.

Niemand verlangt von uns – und wir dürfen das auch nicht selbst von uns erwarten –, daß wir die Lösungen und besseren Hilfen entwickeln. Aber ohne uns zu hören und ohne unsere Bereitschaft, hörbar zu sein, wird keine sinnvolle Entwicklung möglich werden.

Betroffen, mitbetroffen sein ist eine Verpflichtung, nicht schweigend zu leiden, sondern auch wenn man uns Unrecht tut, wenn man uns nicht versteht, uns lästig findet oder uns verurteilt, aufmerksam zu machen, damit die Hilfe für unsere Kinder besser, tiefergehender und wirksam über den einzelnen hinaus wird.

Familie kann mehr als eine Chance sein!

XI. Anhang

Was Eltern von der Drogensprache wissen sollten

Die Drogensprache ist als Kunstsprache nicht nur geheimes, von allen Uneingeweihten absetzendes Verständigungsmittel, sondern gleichzeitig ein Steuerungsmittel des Marktes.

In dem Maße, in dem Drogenslang in die allgemeine Jugendsprache übernommen wurde, ist die drogenbedingte Tendenz zu körperlicher Vernachlässigung und zum Gammellook als Jugendmode, als Antimode kreiert worden.

Es ist eine ebenso raffiniertc wie wirksame Methode, nachteilige, offensichtliche Wirkungen der Einstiegs- und Anfangsdrogen zu kaschieren, um den Anschein der Harmlosigkeit und Jugendtümlichkeit aufrechtzuerhalten. Es ist aber, wie ein großer Teil der Pop-Musik und des entsprechenden Plattengeschäftes auch, ein »legitimer« Teilbereich dieser weltweit operierenden, organisierten und ebenso skrupellosen wie geschäftstüchtigen Geschäftemacher. Eltern sollten also diese Sprache zwar als Jugendmode, aber gleicherweise als Anzeichen für möglichen Kontakt zur Drogenszene sehen.

Die allgemein schon fast stubenrein gewordene Fäkalsprache ist zu einem Teil auch dieser Doppeldeutigkeit zuzuordnen, denn ab einem gewissen Drogenkonsum entsteht im Konsumenten neben der Tendenz, sich gehen zu lassen in allen Bereichen, auch ganz deutlich ein echtes Bedürfnis zu sprachlichem Unflat – wohl zur Spannungslösung. Entscheidend ist also nicht das Auftauchen der Drogensprache, sondern die merkliche Zunahme ihrer Benutzung und ihrer Spezialausdrücke.

Das Düsseldorfer Kom(m)ödchen hat einmal vor Jahren eine treffende Szene zu diesem Thema gebracht: Eltern bereiten die Party ihrer Teenagerkinder vor und büffeln deren Sprache, um »mitreden« zu können. Große Empörung bei den Sprößlingen. Da hätten die Alten sich schon ihre Mode und ihre Freizeitbeschäftigungen unter den Nagel gerissen und nun auch noch das letzte, ihre einzige Möglichkeit, sich noch von denen über zwanzig abzusetzen, ihre Sprache. Wir sollten sie wirklich weder sprechen noch glauben, durch Benutzung ihrer Spezialausdrücke jugendlich oder vertrauenerweckend zu wirken. Verstehen müssen wir sie und in ihrer Bedeutung erkennen.

abgefackt	– heruntergekommen
Acapulco Gold	– Marihuana aus Mexiko
Acid	– Säure – Bezeichnung für LSD
Acid Head	– Säurekopf/LSD-Konsument
Affe	– Zustand erster Entzugserscheinungen

Age	– gemeint ist H = Heroin
Analbombe	– Rauschmittel in Zäpfchenform
anfixen	– die erste Spritze setzen
angeknallt	– unter Wirkung stehend
angeturnt	– unter Haschischwirkung stehend
anschaffen	– Prostitution Drogenabhängiger
anturnen	– in Wirkung bringen, einführen
Apotheke (machen)	– Apothekeneinbruch
Artillerie	– Spritzbesteck
aufgeilen	– reizen
ausflippen	– erwünschter irrer Zustand
ausklinken	– abschalten, sich absetzen
Babystrich	– Prostitution sehr junger Mädchen
bad trip	– schlechter Trip, keine gute Wirkung
(be) in	– Bescheid wissen, dazugehören
Besteck	– Spritze, Löffel
black out	– Ohnmacht, Bewußtseinsausfall, Filmriß
Brief	– meist kleine Packung aus Silberpapier für eine Injektion, eine Wirkung reichend
Bruch	– Einbruch
BTM	– Betäubungsmittel
Bullen	– Polizisten
cannabis	– Hanf → Haschisch und Marihuana
clean	– sauber, drogenfrei
coks/coke	– Kokain
cold/cool turkey	– Entzug ohne Hilfsmittel
connection	– Verbindung (zu Drogen, Dealern)
cool	– gelassen
dealen	– Drogen verkaufen
Dealer	– einer, der mit Drogen handelt
deep purple	– Beatgruppe – rote LSD-Pille
dope	– Haschisch, aber auch anregende Drogenkombinationen
Dosis	– Einzelmenge
down	– niedergeschlagen
drauf sein	– Drogen nehmen – unter akuter Wirkung stehen
drop out	– aussteigen, Aussteiger
Druck machen, drücken	– spritzen, sich eine Spritze setzen
Drugstore	– Treff, an dem Drogen gehandelt werden
durchziehen	– tief inhalieren (bei Haschisch)
Dynamit	– Droge bester Qualität
E-Kur	– Entziehungskur
Ex-User	– ehemaliger Drogenabhängiger

Fahrkarte	– Zucker oder Löschpapier mit LSD
feeling	– Gefühl, Befindlichkeit
fixen, Fixer	– spritzen, einer der vom Spritzen abhängig ist
flash (kick)	– bei Eintritt der Droge in die Blutbahn entstehendes Gefühl des Blitzes, des Aufflammens
flash back	– zurückfallen in Drogenwirkung ohne direkte Einnahme (LSD – Haschisch)
Flattermann	– Zittern durch Entzug
flippen, ausflippen	– durch Drogenwirkung entstehender Realitätsverlust, aussteigen
Freak	– kaputter Typ, einer, der zur Scene gehört
Freier	– jemand, der für Prostitution bezahlt
geil – aufgeilen	– stark wünschen, aufheizen
Gipsy	– Mischung von Haschisch mit Opium
Goldener Schuß	– Überdosis – meist nicht bewußt
Gras – Heu	– Marihuana
Grüner Türke	– Haschischsorte
H	– Heroin
hard drugs, hard stuff	– harte Drogen
Hascher	– Haschischkonsument
Hasch-Express	– Orient-Express München–Istanbul
Henna	– Haarfärbemittel, leichte Halluzinogenwirkung
high sein	– oben sein – direkte, gute Drogenwirkung
horror	– Angst – schlechte Wirkung
joint	– große selbstgedrehte Zigarette aus Tabak mit Haschisch
Junk	– Stoff zum Spritzen
Junkie	– einer, der spritzt
kiffen, Kiffer	– Haschisch rauchen ohne Tabak
Kiste, Knast	– Gefängnis
Knete	– Geld
Koks	– Kokain
link, linken	– falsch, hintergehen, betrügen
M	– Morphium
Marie-Johanna	– Marihuana
Mikros	– kleine Minztropfen oder Tabletten, die mit LSD betropft werden
O	– Opium

Paper	– Rezept
Peps	– Aufputschtabletten
piece	– Stück Haschisch
pot	– Haschisch
Pumpe	– Spritze
Roter Libanon	– Haschischsorte
Säure	– LSD
schecken (etwas)	– begreifen
schießen – Schuß	– spritzen, applizierte Spritze
Schnee	– Heroin und Kokain in weißer Pulverform
Schwarzer Afghan	– Haschischsorte
setting	– Umfeld bei Drogeneinnahme
shit, Schitt	– Haschisch (Scheiße)
sniff, sniffen	– schnupfen, schnüffeln
snow, Schnee	– Kokain
soft drugs	– »weiche« Drogen
Stoff	– Drogen
stoned sein	– versteinert = unter starker Wirkung
Szene – scene	– Treff der Konsumenten
trip	– LSD oder starker Haschischrausch
trip werfen	– LSD einnehmen
turnen (törnen)	– Haschisch rauchen
turkey	– Entzug
user	– Drogenkonsument

Literaturverzeichnis

Berger, Herbert/Reuband, Karl H./Widlitzek, Ute: Wege in die Heroinabhängigkeit. Zur Entwicklung abweichender Karrieren. Juventa Verlag, München 1980.

Buck, Irmgard: Trug der Drogen. Siebenstern TB 180. Hamburg 1974.

Cannabis heute. Akademische Verlagsgesellschaft, Wiesbaden 1980.

Elternkreis Bonn: Präventionsprogramm. Aktion Jugendschutz, Pirmasens.

Ende, Michael: Die unendliche Geschichte. K. Thienemanns Verlag, Stuttgart 1978.

Meyer, Else: Durchblick. Hans Richarz Verlag, St. Augustin 1980.

Meyer, Else: Haschisch – die unbekannte Droge? Aktion Jugendschutz, Pirmasens.

Saint-Exupéry, Antoine de: Der kleine Prinz. Karl Rauch Verlag, Düsseldorf 1950.

Vester, Frederic: Unsere Welt – ein vernetztes System. Verlag Klett-Cotta, Stuttgart 1978.

Quellenverzeichnis

Der Abdruck aus dem Buch »Wege in die Heroinabhängigkeit. Zur Entwicklung abweichender Karrieren« erfolgt mit freundlicher Genehmigung des Juventa Verlages, München.
Der Abdruck aus »Cannabis heute« erfolgt mit freundlicher Genehmigung der Akademischen Verlagsgesellschaft, Wiesbaden.

Wichtige Adressen

Bundesverband der Elternkreise drogengefährdeter und drogenabhängiger Jugendlicher
Jägerallee 5
Postfach 291
4700 Hamm 1

Kontaktadresse der Geschäftsstelle für Süddeutschland:
Klaus Jürgen Reinbold
AGJ
Schwarzwaldstraße 1
7800 Freiburg im Breisgau

Bitte umblättern:

auf den nächsten Seiten informieren wir Sie über weitere interessante Fischer Taschenbücher.

Psychologische Ratgeber

Legasthenie
Herausgegeben von Michael Angermaier. Band 6306

George R. Bach / Herb Goldberg
Keine Angst vor Aggression
Band 3314

George R. Bach/Peter Wyden
Streiten verbindet
Spielregeln für Liebe und Ehe. Band 3321

Hellmuth Benesch/Walther Schmandt
Manipulation und wie man ihr entkommt
Band 3310

Dieter Boßmann
Die verdammten Hausaufgaben
Was können Eltern tun? Band 3012

Cliff Cunningham/Patricia Sloper
Hilfe für Ihr behindertes Baby
Früherkennung und Terapie. Band 3303

Ann Faraday
Deine Träume – Schlüssel zur Selbsterkenntnis
Ein psychologischer Ratgeber. Band 3306

Mechthild Firnhaber
Legasthenie
Wie Eltern helfen können. Band 3327

Otto F. Gmelin
Mama ist ein Elefant
Die Symbolwelt der Kinderzeichnungen. Band 3305

Rolf Grigat
Konflikte zwischen jung und alt
Ratschläge für den Umgang mit Jugendlichen. Band 3301

Klaus D. Heil/Hans Uwe Jaensch
Weniger Alkohol
Ein Programm zur Selbstkontrolle. Band 1921

Fischer Taschenbuch Verlag 1

Psychologische Ratgeber

Winfried Klinke
Womit soll mein Kind spielen?
Band 3309

Else Meyer
Eltern im Drogenproblem
Erfahrungen aus der Hilfe durch Selbsthilfe. Band 3329

Ranne Michels/Rainer Kippe
Guter Hoffnung
Wie wir die Angst vorm Kinderkriegen überwanden
Band 3315

Nossrat Peseschkian
Der Kaufmann und der Papagei
Orientalische Geschichten als Medien in der Psychotherapie
Band 3300

Gerd Reiber
Eltern helfen lernen
Band 3319

Heinrich Satter
Das Leben beginnt mit sechzig
Band 3018

Barbara Sichtermann
Leben mit einem Neugeborenen
Ein Buch über das erste halbe Jahr. Band 3308

Sven Wahlroos
Familienglück kann jeder lernen
Band 3302

Edward Whelan/Barbara Speake
Hilfe für geistig Behinderte
Erziehung zur Selbständigkeit. Band 3311

Gerlinde M. Wilberg
Zeit für uns
Ein Buch über Schwangerschaft, Geburt und Kind
Band 3307

Fischer Taschenbuch Verlag 2

Psychologie

Dirk Blasius
Der verwaltete Wahnsinn
Band 6726

Ernest Borneman
Die Ur-Szene
Band 6711

Hilde Bruch
Der goldene Käfig
Band 6744

Hans Jürgen Eysenck
Neurose ist heilbar
Band 6713

Anna Freud/
Thesi Bergmann
Kranke Kinder
Band 6363

Georg Groddeck
Das Buch vom Es
Band 6367

Erna M. Johansen
Betrogene Kinder
Band 6622

Theodore Lidz
Familie und psycho-
soziale Entwicklung
Band 6763

Margaret S. Mahler/
Fred Pine/Anni Bergmann
Die psychische Geburt des
Menschen
Band 6731

Erich Neumann
Kulturentwicklung
und Religion
Band 6388

Nosrat Peseschkian
Psychotherapie des
Alltagslebens
Band 1855
Der Kaufmann
und der Papagei
Band 3300
Positive Familien-
therapie
Band 6761
Auf der Suche nach Sinn
Band 6770

Psychologie

**Jean Piaget/
Bärbel Inhelder
Die Psychologie des Kindes**
Band 6339

**Theodor Reik
Hören mit dem
dritten Ohr**
Band 6766
Der unbekannte Mörder
Band 6767
**Aus Leiden Freuden
Masochismus und
Gesellschaft**
Band 6768

**Gitta Sereny
Ein Kind mordet –
Der Fall Mary Bell**
Band 6721

**A. C. Robin Skynner
Die Familie.
Schicksal und Chance**
Band 6729

**Stuart Sutherland
Die seelische Krise**
Band 6720

**Thomas S. Szasz
Die Fabrikation
des Wahnsinns**
Band 6321

**Thomas S. Szasz
Psychiatrie**
Band 6389
**Recht, Freiheit und
Psychiatrie**
Band 6722
Schizophrenie
Band 6743

**Claire Wesley/
Frank Wesley
Die Psychologie
der Geschlechter**
Band 6728

**Rainer Winkel
Pädagogische Psychiatrie
für Eltern, Lehrer und
Erzieher**
Band 6709

**Lew S.Wygotski
Denken und Sprechen**
Band 6350

**Reader zum Funk-Kolleg
Pädagogische Psychologie**
Band 6113: Entwicklung
und Sozialisation
Band 6114: Lernen und
Instruktion

**Funk-Kolleg
Pädagogische Psychologie**
Band 6115/Band 6116